JN050172

今さら聞くのは
恥ずかしい

大人のための

政治

東進衛星予備校　公民科講師
清水雅博

経済

入門

徳間書店

はじめに

　21世紀は激動の時代です。世界情勢がまさに日本国内の政治経済に大きな影響を及ぼす状況になっています。

　アベノミクスに始まり、新型コロナウイルス、2022年2月に勃発したロシアのウクライナ侵攻など3つのセンセーショナルな出来事が続き、私たちの生活は常に翻弄されています。

　このような激動の時代だからこそ、これらの出来事が起こる原因や影響を的確に理解し、分析する能力が極めて大切です。

　時事用語の意味を知ることはもちろん、出来事の背景や影響を本質的に理解し、私たち一人一人が採るべき対応策を考えていかなければなりません。

　そこで本書では、今を生きる私たちが絶対に知らなければならない政治・経済・社会問題を幅広く取り上げ、その本質を基本からわかりやすく説明し、社会生活を営む上で本当に必要な理解力・洞察力を高めることを目指しています。

　今さら人に聞けない政治・経済などの出来事をわかりやすく一から解きほぐすことで、出来事の本質を見抜く思考力を身につけてほしいと思っています。

　アベノミクスは本当に成功したのか？　何か問題点を抱えていないのか？

　コロナショックで日本経済はどのような影響を受けたのか？
ウクライナ侵攻はなぜ起こったのか、ロシアの本当の狙いは？

　など、誰もが思う素朴な疑問を一から考えていき、今起こってい

る出来事を"知りたい、わかりたい"と思っている一般の社会人はもちろん、大学生や就活生などにも読んでもらい、理論＆時事の両者を融合し連関的に理解することで、政治・経済の今を見抜く洞察力、思考力を自然に身につけることができる——これが本書の最大の目的なのです。

　筆者は、30年以上、東進ハイスクール・衛星予備校、駿台予備学校などで大学受験生に「政治経済」「現代社会」「倫理」「小論文」「時事問題」などを教え、30万人もの受験生を一流大学に送り出してきた実績があります。大学受験界に衛星放送が導入された初年度から現在まで20年以上も衛星放送で「政治経済」のわかりやすい授業を全国に提供し続けています。
　どこから学び、どこを理解すれば今の出来事がわかるようになるのか？　を常に追い求めてきました。

　さまざまな出来事に興味を持ち、自分を高めたいという向上心を持つ全てのみなさん、この本を手にとって今の出来事に興味を持ってくださった読者のみなさんにとって、この本が"道標"になれば幸いです。一般の社会人のみなさんのいわば「大人の学びのための教科書」となることを願っています。

清水雅博

第 **2** 章 ｜ 国際経済
（国境を越えて成長と共生を目指す国際経済）

第 3 章 | 社 会
（世界の未来・日本の未来）

第 4 章 | **政 治**
（激動する国際情勢と日本の政治のあり方）

経済を理解できる4つの公式

テレビのニュースでよく聞く「物価」「景気」「円高・円安」という言葉。言葉を聞いただけでは理屈もメカニズムもなかなか理解しにくいですよね。でも、この言葉を理解するには相互の関連性をはっきりと押えることが何よりも大切です。

そんな時はこれから説明する4つの公式に当てはめてみてください。

公式 1

国内流通通貨量
増加　→　インフレ　→　好況

国内流通通貨量
減少　→　デフレ　→　不況

公式 3

国際収支黒字
（特に経常収支黒字、日本にマネー流入）　→　円高

国際収支赤字
（特に経常収支赤字、日本からマネー流出）　→　円安

この公式を理解すれば、現実に起こっている経済の出来事をすんなり理解でき、現実を見通す力が身につくのです。理論がわからなければ現実は見通せません。経済が"魔法のようにスッキリわかる"清水メソッドを一挙ご紹介します。

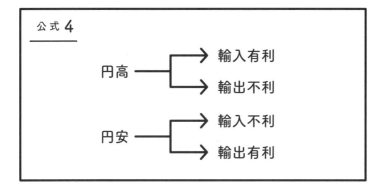

この公式を覚えて、これから説明する15のテーマを学ぶと、社会の解像度がグンと上がるはずです！

第 **1** 章

経済

（日本経済の動向）

社会を語る上で一番大切なこと、それは「経済」です。要は、お金の動きが社会を作る、ということです。この章では、日本経済の動向について解き明かしていきます。

▶キーワード

●円高・円安
＝P41, 43

円とドルを交換する時の比率（対ドル円レート）のこと。例えば、1ドル＝200円が100円になれば円の価値が高まっているので円高。300円になれば円の価値が低くなっているので円安である。

●景気
＝P20, 23, 25, 27, 56

市場取引量が増えることを好況、市場取引量が減ることを不況という。

●物価
＝P20, 23, 25, 27, 40, 57

商品の価格が上昇することをインフレーション、商品の価格が下落することをデフレーションという。一時的にではなく、一定期間、同じ価格傾向が続いた場合に、インフレーション、デフレーションと表示される。

●物価指数
＝P20, 40

主要な消費財の値動きを示す消費者。物価指数と主要な生産財（資源や機械類など）の値動きを示す企業物価指数などがある。基準年次を100として物価を百分率(指数)で示す。

●スタグフレーション
＝P66

不況とインフレーションが同時に発生すること。

スタグネーション(停滞)とインフレーション(物価上昇)を合わせた造語。

◉経済成長率

＝P21, 55

国民所得(正確には国内総生産＝GDP)が前年に比べて、何％増加したかを示す数値。名目GDP(金額)の増加率が名目経済成長率、物価の変動を除いた実質GDP(生産量)の増加率が実質経済成長率。

◉三大金融政策

＝P27

❶金利政策(中央銀行が市中銀行の貸出金利・預金金利を上方または下方に誘導する操作)。

❷公開市場操作(中央銀行が市中金融機関との間で手形や国債などの有価証券を売買する操作)。

❸預金準備率操作[市中銀行が受け取った預金の内、中央銀行に強制的に預金しなければならない割合(%)を上下する操作]。

◉ゼロ金利

＝P25, 28

銀行の金利を実質的にゼロに近づける政策。正確には銀行間の貸借金利である「無担保コールレート翌日もの」を実質ゼロにする。デフレ・不況対策として2001~06年、2010年以降行われている。

◉財政政策

=P30

景気・物価を調整するために政府が歳入・歳出を増減させる政策。状況に応じて裁量的に実施することを補整的(裁量的)財政政策=フィスカル・ポリシーという。歳入面では増税や減税、歳出面では財政支出の拡大や縮小を行う。

◉為替政策

=P32, 43

政府・中央銀行が外国為替市場に介入して円高・円安に誘導する政策。具体的には、円売り・ドル買い介入を行えば円安・ドル高に、ドル売り・円買い介入を行えばドル安・円高に誘導される。

◉ポリシー・ミックス

=P33

金融政策・財政政策・為替政策を同時に、かつ連関的に行うこと。

◉岸田ビジョン

=P37

岸田文雄首相が掲げる「新しい資本主義」を理念とする構想。経済的強者を優遇しすぎたアベノミクスに対して、一般庶民や経済的弱者にも配慮した経済政策を実施するというもの。

◉日米金利格差

=P41, 42

日本と米国の銀行の金利に差が発生すること。日米間で高金利の国にマネーが移動することで円高・円安が起こり、貿易や国内の物価・景気に影響を及ぼすことになる。

●アベノミクス

＝P45, 46, 54

2012年12月に誕生した第2次安倍晋三内閣が掲げた経済政策の基本理念。三本の矢として、大胆な金融政策（異次元の金融緩和）、機動的な財政政策（財政出動）、民間投資を喚起する成長戦略を掲げた。

●インフレ・ターゲット

＝P57

物価数値目標。デフレ・不況対策として1年間に上昇する物価の目標値を示し、それを達成するまで金融緩和を継続することを内外に宣言すること。

●国債

＝P59, 61

国の債務（借入金）のことで、それを証明する有価証券。主に、建設国債と赤字国債（特例国債）の2種類がある。前者は建設物を造るための借入金、後者は一般会計歳入の不足分（赤字分）を補うための借入金。

●プライマリー・バランス

＝P68, 69

基礎的財政収支のこと。国債を除く一般歳入（税収など）から一般歳出（借入金の返済である国債費を除く、経常的支出など）を控除した差額のこと。
現状はマイナス（赤字）。政府は、ゼロ（均衡）、プラス（黒字）の実現を目標に掲げている。

密接な関係にある
物価と景気

1 そもそも物価・景気とは何か

私たち国民が最も関心がある経済といえば、物価・景気ですよね。

物価とは財・サービスなどの商品一般の値段の傾向性のこと。**商品の値上がりが続けばインフレーション、値下がりが続けばデフレーション**になります。

2022年2月には、ロシアのウクライナ侵攻が起こり、物価の上昇が世界的に問題となりました。このようにインフレが発生して物価が上がると、消費者の生活を直撃してきます。これまでもインフレが発生すると、どう物価を抑えるかが大きな政治的問題となってきました。

一方、物価が下がるデフレ局面では、消費者の生活は楽になるので消費者からの不満は直ちには噴出しませんでした。ただ、商品の販売価格が極度に値下ると、企業など供給者の儲けが減少して賃金の値下がりや企業の倒産が起こり、めぐりめぐって労働者の生活が圧迫されてしまいます。要は、極度のインフレ・デフレが問題なのです。

物価の動きは、消費者が商品を買う時の価格の動きを見る消費者物価（指数）、企業が商品を仕入れる時の価格の動きを見る企業物価（指数）の2つで計測しています。

一方、景気とは市場取引の活性化を示す言葉で、**市場取引量が増えて活性化していることを好況、市場取引量が減って停滞していることを不況**と言います。よくニュースで「不況」という言葉を耳に

しますよね。結局、不況とは賃金、所得が下がり、皆が消費や投資を控え、市場取引量が縮小し、経済全体が元気ではなくなっている状態のことです。

　ちなみに、市場取引量を示す統計は、広い意味での国民所得です。財・サービスの取引量は商品に支払われる対価＝支払額で表されますから、国民所得は一定期間（通常は1年間）に市場を流れる流通通貨量を示しています。

　国民所得の伸び率（％）（国内総生産＝ GDP の対前年度伸び率）のことを、**経済成長率**とも呼びます。この経済成長率が前年度と比べてプラスであれば市場取引量が増えているので**好況**、マイナスであれば市場取引量が減っているので**不況**と判断されるのが一般的です。

　我が国では、1974年の第一次オイルショックの翌年、2008〜2009年のリーマンショックの時、2020年のコロナショックの時には、いずれも実質マイナス成長を記録し、深刻な不況に見舞われています。

　この時には、**流通通貨量が減って国民所得が減少したので**、需要が減って**物価が下がり**、同時に市場取引量も減って**不況に陥ったの**

■ 物価と景気の関係図

物　価　　　　　　　　　　　　景　気

インフレーション　モノが値上がり　　原則＝　　好況　市場取引が拡大

デフレーション　モノが値下がり　　原則＝　　不況　市場取引が縮小

です。

　以上とは逆に、流通通貨量が増えて国民所得が増加する時（経済成長率がプラスの時）には、需要が増えて**物価は上がり**、同時に市場取引量が増えて**好況に向かう**ことになります。

　結論から言えば、流通通貨量の増減が国民所得の増減を決め、景気と物価に影響を与えているのです。

■ 好況・不況のしくみ

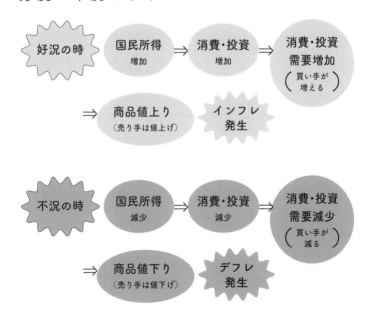

2 物価・景気は流通通貨量で予測できる

　物価・景気を決めているのは、現実に市場を流れる流通通貨量の**増加、減少**であることがわかりましたね。本書冒頭で挙げた **公式1** を意識することで、経済の見通し・物価・景気の予測を的確にすることができます。

　具体的に考えてみましょう。

- 日本の輸出が減少傾向の中で、ロシアのウクライナ侵攻で輸入する資源や食料が値上がりしたとします。貿易収支は赤字基調となり、国内通貨量は減少しますので、デフレ・不況に向かいます。
- 増税が決まったり、銀行の貸出が制限されて金融引き締めが行われると、流通通貨量は減少するので、デフレ・不況に向かうことがわかります。その場合、株価も下落することが予想されます。
- 新型コロナウイルスの水際対策が緩和されて入国規制が緩和されると、訪日外国人が増加するでしょうから国内通貨量が増えて、インフレ・好況に向かうことが予想されます。
- オリンピックや国際博覧会（万博）が開催されれば流通通貨量が増えますから好況になり、株価は上昇するでしょう。

■ 国内流通通貨量

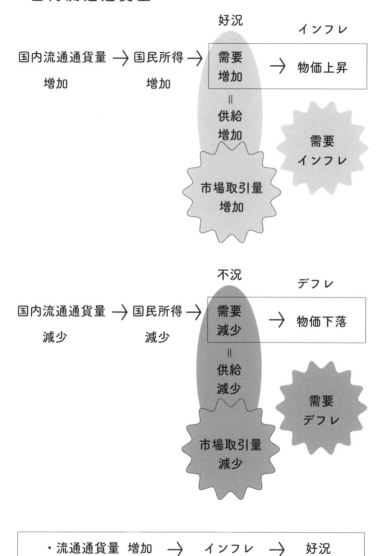

国内流通通貨量 → 国民所得 → 需要 → 物価上昇
増加　　　　　　増加　　　　増加
好況　　　　　　　　　　　　　インフレ

供給
増加

市場取引量
増加

需要
インフレ

国内流通通貨量 → 国民所得 → 需要 → 物価下落
減少　　　　　　減少　　　　減少
不況　　　　　　　　　　　　　デフレ

供給
減少

市場取引量
減少

需要
デフレ

・流通通貨量 増加　→　インフレ　→　好況
・流通通貨量 減少　→　デフレ　→　不況

③ 物価・景気予測はどうすればいいのか

　政府と中央銀行（日本銀行）は景気・物価対策を日々行っています。物価・景気対策は、流通通貨量の調節（増減）によって行われ、前述の 公式1 でわかるように、**インフレ・景気過熱の原因は流通通貨量の増加にありますから、その対策は極めてシンプルで、流通通貨量を減少させればいいのです** 公式2 。

　例えば、物価が上昇してインフレが進行し、バブル期のように景気が過熱している時は、銀行が企業などに融資を行う際の貸出金利を引き上げて、借りにくい状況を作れば解決します。逆に物価が下落してデフレが深刻化している時やバブルが崩壊して景気が停滞している時は、銀行の貸出金利を引き下げて、借りやすい状況を作れば良いのです。

　2022年のウクライナ侵攻で世界的インフレが進行したときに、アメリカの中央銀行（連邦準備制度理事会＝ FRB）や欧州中央銀行（ECB）が金利を引き上げたのは、インフレ対策を優先したからです。その一方で、日本銀行は長期的に続くデフレ・不況対策を優先して**ゼロ金利政策（低金利政策）を継続**しました。これがきっかけで**日米・日欧金利格差**という新たな火種を発生させてしまったのです。

　景気・物価対策を実施するにあたり、具体的には**金融政策、財政政策**、貿易や海外投資に影響を及ぼす**為替政策**の３つの政策が行われます。

■ 景気・物価予測の具体例一覧

インフレ
好況
が予測される

デフレ
不況
が予測される

国内流通通貨量
が増加

国内流通通貨量
が減少

1. 金融緩和

　・銀行が貸出を促進

2. 赤字財政の実施

　（バラマキ）

　・減税 $\begin{cases} 法人税率引き下げ \\ 所得税率引き下げ \end{cases}$

　・財政支出拡大（財政出動）

　　・公共投資拡大

　　（道路建設など）

　　・オリンピック

　　・国際博覧会（万博）

　　　　　への支出拡大

3. 海外からマネー流入

　・輸出増加

　・外国人の日本への投資拡大

　（対内投資増加）

　・訪日外国人の増加　　など

1. 金融引き締め

　・銀行が貸出を抑制

2. 黒字財政の実施

　・増税 $\begin{cases} 法人税率引き上げ \\ 所得税率引き上げ \end{cases}$

　・財政支出削減

　　・公共投資削減

　　　社会保障削減など

3. 海外にマネー流出

　・輸入増加

　・日本人の海外への投資拡大

　（対外投資増加）

　・訪日外国人の減少

　　日本人の海外訪問客が増加

　　　　　　　　など

4 景気・物価対策はどうすればいいのか

以下、わかりやすくデフレ・不況対策を説明します。**デフレ・不況対策は** 公式2 **より、流通通貨量を増加させる**と考えてみましょう。

①金融政策（中央銀行＝日本銀行がお金の貸し借りに影響を及ぼす政策）

日本銀行が行う三大金融政策
▼金利政策（金利の引き上げ or 引き下げ）
▼公開市場操作（買いオペレーション or 売りオペレーション）
▼預金準備率操作（引き下げ or 引き上げ）

▼金利政策（金利の引き下げ）

　流通通貨量を増やすためには、企業や個人など国民がお金を銀行から借りたいと思わせればいい。つまり、銀行の貸出金利を引き下げて、資金需要を高める政策をとれば良いのです。市中銀行の貸出金利を引き下げるため、日本銀行（以下、日銀）の貸出金利を引き下げて、市中銀行の貸出金利を低めに誘導するのです。現実には、市中銀行の貸出金利の基準になっている日銀の市中銀行への貸出金

■ 利子の動き

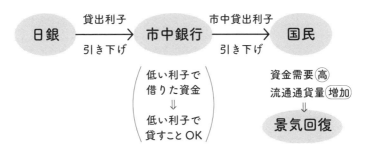

利（かつての公定歩合、現在の基準金利）や銀行間の貸出金利（無担保コールレート翌日もの）などを引き下げます。いわゆる**ゼロ金利政策**や一部で導入されている**マイナス金利**は、異次元の金融緩和政策によるデフレ・不況対策ということになります。（P47参照）

▼**公開市場操作（買いオペレーション）**

　日銀が市中金融機関から有価証券（手形・小切手・売れ残り国債など）を買い取る操作を実施します。代金を市中銀行に支払うことによって、市中銀行の手持ち資金を増やすのです。

　市中銀行が持つ資金を直接増やし、市場に出回る通貨量を増やすことから**量的金融緩和**と言われています。

　アベノミクスなど最近の金融政策では、買いオペレーション（買いオペ）による量的金融緩和が重視されているんです。銀行の手持ち資金を増やせば、貸出金利を低めに誘導することもできますしね。

■ 買いオペのしくみ

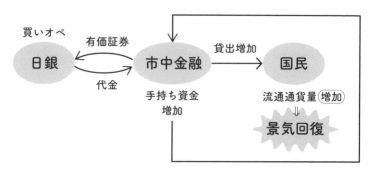

▼**預金準備率操作（引き下げ）**

　銀行は国民などからの預金を企業などに融資しますが、預金の全てを貸出に回すと、貸し倒れして回収不能金が発生した場合に預金

者への預金返却も不能となり、銀行が倒産してしまいます。そのようなリスクを回避するため、預金の一定割合は日銀に強制的に預金することが法律で定められています。これを預金準備金（支払準備金）といい、その割合を預金準備率（支払準備率）と呼びます。

デフレ・不況対策としては、銀行の貸出金額をできるだけ減らし

■ 預金準備金のしくみ

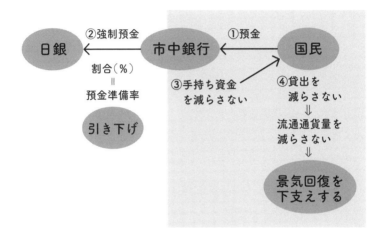

■ 三大金融対策

	デフレ・不況対策	インフレ・景気過熱対策
1. 金利政策	金利引き下げ	金利引き上げ
2. 公開市場操作	買いオペレーション（操作）	売りオペレーション（操作）
3. 預金準備率操作（支払）	引き下げ ⇩ 金融緩和	引き上げ ⇩ 金融引き締め

たくないので、預金準備率を引き下げて低く設定します。

　ちなみにアベノミクス（2012年12月〜2020年9月）は、この3つの金融緩和を日銀の黒田東彦総裁（当時）とともに粛々と実施しました。いわばセオリー通りの政策ですが、徹底して実施し**異次元の金融緩和**と呼んで、市場の心理を煽っていたのです！

②財政政策（財政出動の徹底）

　財政政策は、日銀ではなく政府が予算を通じて国民に公的サービスを実施する政策ですが、流通通貨量にも影響を及ぼすので、景気や物価を調整し、経済を安定化させる重要な機能を併せ持っています。

　財政（特に国家予算）で見る際には、国が国民からお金を集める**歳入面**、国が国民にお金を支出する**歳出面**の2つから見ることが大切です。

　デフレ・不況対策としては、流通通貨量を増やすことが必要ですから、

▼歳入面では、税率を引き下げるなどの減税を実施する
▼歳出面では、公共投資の拡大や社会保障支出の拡大など財政支出の拡大（スペンディング・ポリシー）を実施する

　これをメディアは**財政出動**などと報道しています。

　政府から見ると、税金を取らずにお金をばらまくことなので、出血大サービス。つまり、**赤字財政の実施**ということになります。

　国が税金を取らずにお金をばらまくと言っても、お金が足りませんよね。そのお金はどう調達するのでしょうか？　ズバリ、国が市場から借金をする（お金が余っている人から国が借金をする）ことになります。これが赤字国債の発行なのです。（詳細はP60参照）

　2020年のコロナショック対策として、安倍晋三政権は巨額の財政出動を行いましたが、その財源として組まれた補正予算のほとんどが国債（特に赤字国債）の濫発であったことは記憶に新しいです。2020年度一般会計予算の国債依存度（借金割合）がなんと70%を超えたことは、後世代に大きなツケを残すことになるでしょうね。（詳細はP66参照）

■ 補整的財政政策（フィスカル・ポリシー）
（裁量的）

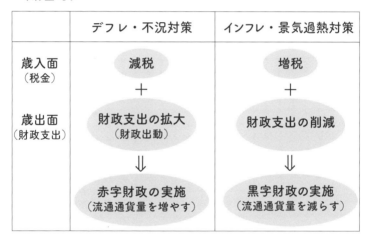

	デフレ・不況対策	インフレ・景気過熱対策
歳入面 （税金）	減税 ＋	増税 ＋
歳出面 （財政支出）	財政支出の拡大 （財政出動） ⇓	財政支出の削減 ⇓
	赤字財政の実施 （流通通貨量を増やす）	黒字財政の実施 （流通通貨量を減らす）

③貿易、海外投資、為替政策

　外国為替相場（為替レート）の操作によって、輸出・輸入などの貿易や海外投資の動きに影響を与えることも、重要な物価・景気対策となっています。特に近頃はボーダーレス・エコノミーと呼ばれているように国際取引が国内経済に大きな影響を及ぼします。このような国際的視点を忘れると、大きな政策ミスや経済予測の判断ミスを招きかねません。**為替レートのメカニズムはテーマ3**（**P40**）

■ 外国為替市場に介入した場合

	デフレ・不況対策	インフレ・景気過熱対策
為替政策	円安に誘導	円高に誘導
	⇩	⇩
貿易政策	輸出促進	輸入促進
	⇩	⇩
投資政策	海外への投資を抑制 国内への投資を促進	海外への投資を拡大 国内への投資を抑制
	⇩	⇩
	国内流通通貨量を増やす	国内流通通貨量を減らす
	⇩	⇩
	景気回復	景気抑制

で詳しく述べますので、ここでは、ざっくりとした結論を述べることにします。

　デフレ・不況対策としては、国内流通通貨量を増やすために、日本からの輸出を促進して海外からお金を稼ぐこと、海外からの日本への企業進出、株式投資を増やして日本への通貨流入を増やすこと、さらに訪日外国人観光客を増やしてインバウンド需要（外国人観光客の日本での消費）を増やすことが大切です。そのためには、**円安=ドル高に誘導する**ことが必要です。つまり、**円売り・ドル買いの外国為替市場介入**を行うことがベターなのです。

　円安=ドル高になれば、日本の輸出品はドルで支払えば安くなるので輸出が伸びていきます。日本の株式もドルで支払えば安くなる

ので、外国人は日本の株式を買ってくるでしょう。

　最もはっきり見えるのは、ドル高＝円安で日本への旅行が割安になるので、訪日外国人が増加することでしょう。これらは、日本の景気回復に寄与することになるでしょう！

　このように、**デフレ・不況対策は、金融緩和・財政出動・円安誘導による輸出促進など**を、**ブレずに一貫して実施すればいいのです。**このように政策を連関的に行うことを、**ポリシー・ミックス**と呼んでいます。ただ、現実には、財源不足のために財政出動が機動的にできず、不況なのに消費税率を引き上げざるを得ないなど政策がブレてしまうというジレンマが生じているのです。為替政策も他国との関係から政策協調が必要なため、単独で実施することは難しいという問題があります。

　なお、主要7カ国首脳会議（G7）や20カ国・地域の首脳会議（G20）、財務相・中央銀行総裁会議が毎年開かれるのは、経済の国際化によって、各国間の協調が国内経済政策としても重要性を増していることの証明と言えるのです。

お金の流れで
決まる経済

1 お金の流れが良くなれば、景気もよくなる

テーマ1で述べたように、**流通通貨量が増えればインフレ・好況**となり、景気はよくなっていきます。好況であれば、企業は儲かり、労働者の賃金も上がることを意味しますから、経済が好循環になるわけです。

広義の国民所得は、市場取引額で測られますから、1年間に市場で使われた通貨、すなわち流通通貨量が増えれば国民所得は増加したということになります。

経済主体の間でお金の流れが潤滑化し、お金の流動性が高まることが、経済にとって望ましいのです。

■ 経済の三主体（お金の流れ）

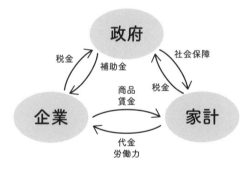

※経済の三主体の間で取引が行われ、お金が流動すれば経済は活性化する

② 企業はどうやってお金を調達しているか

金融機関はお金の流通を仲介することから、お金の流れを決めるキーマンになっています。

銀行は国民などの預金者からお金を預かり、その資金を企業などに貸し出しています。日本の企業の資金調達方法としては、銀行借入金が多い**間接金融**方法が取られてきました。

したがって、銀行の貸出金利の上下が、企業の設備投資に大きな影響を及ぼしていました。だから、金利政策が日本の金融政策の中心となってきたのです。

一方、アメリカ企業の資金調達方法としては、株式を発行して市場の投資家から直接資金を集める直接金融方式が中心となっています。その際、新株発行の手伝いをし、株式売買の仲介をするのが証券会社となります。しかも、金利の自由化が認められてきたアメリカでは金利政策よりも、公開市場操作が重視されています。

1986〜91年、我が国は**バブル景気**となりました。株価は日経平均株価約1万円が、1989年末には3万8900円台と約4倍も上昇。後に、バブルが崩壊し、株価は大暴落して1万円割れしますが、2012年12月に誕生した安倍政権下のアベノミクスで値上がりし、2023年初には2万5000円、2023年5月には3万円を超えるまで回復しています。

現在では日本人も株式投資に抵抗感がなくなってきたことから、企業も株式による資金調達の比率を高める傾向にあります。また、1979年以降、金利の自由化が進み、市中金利が日銀の言う通りに動かないことから、**金利政策よりも、公開市場操作の重要性が増しています**。

経済としても株価が上昇（＝企業の資産価値が増加）すると担保資産も増加するので、融資を受けやすくなるばかりか、新株発行に

■ バブル景気

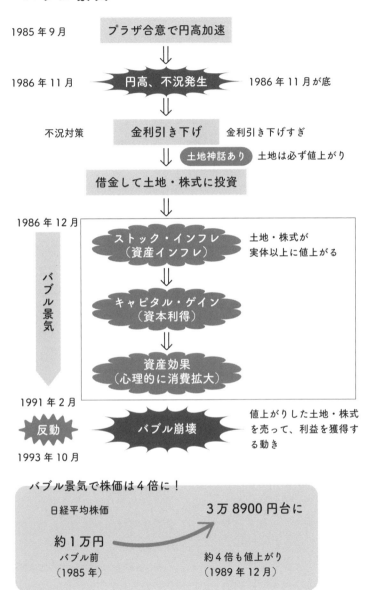

1985年9月 　プラザ合意で円高加速

1986年11月 　円高、不況発生 　1986年11月が底

不況対策 　金利引き下げ 　金利引き下げすぎ

土地神話あり 土地は必ず値上がり

借金して土地・株式に投資

1986年12月

バブル景気

ストック・インフレ
（資産インフレ） 　土地・株式が
実体以上に値上がる

キャピタル・ゲイン
（資本利得）

資産効果
（心理的に消費拡大）

1991年2月

反動 　バブル崩壊 　値上がりした土地・株式
を売って、利益を獲得す
る動き

1993年10月

バブル景気で株価は4倍に！

日経平均株価 　3万8900円台に

約1万円

バブル前
（1985年）

約4倍も値上がり
（1989年12月）

よる資金調達もしやすくなり、投資が促進されることになります。

政府や日銀の経済政策としても、株価の上昇を重視するようになっています。

3 岸田ビジョン「21世紀版所得倍増計画」とは何か

2021年に誕生した岸田文雄政権は、安倍政権が進めた"アベノミクス"（P45）に対して、**岸田ビジョン「21世紀版国民所得倍増計画」**、いわゆる「**新しい資本主義**」を発表しました。

アベノミクスが企業優遇で経済的弱者に目が向いていなかったことから、弱者にも一定の配慮を行うべきだとする立場を鮮明にしました。

岸田首相が言うように、国民の所得が2倍になれば嬉しいですが、長らくデフレ・不況に苦しんできた日本経済で所得が2倍に増えるのは、夢みたいな話ですよね。

岸田首相は自民党内の岸田派のトップですが、その**ルーツは池田勇人首相が作った派閥の宏池会**です。池田首相といえば、1960年に策定した「**国民所得倍増計画**」が有名です。だから、岸田首相は「所得倍増」という言葉にこだわっているんですね。

政権発足から1年後に当たる2022年11月には、岸田政権下の「新しい資本主義実現会議」が「**資産所得倍増プラン**」を策定しました。

ただ、所得を倍増させることは難しいことから、投資を促進して資産を増やして資産所得の倍増を実現しようというプラン（「計画」の言い換え）に修正されました。国民にお金を株式や不動産の投資につぎ込んでもらい、株価や不動産価値を上昇させて経済を良くしようという考えがあるんでしょうね。その結果、投資をした人も儲かれば一石二鳥だというわけでしょう。**政府はお金を投資に誘導して景気を回復しようとしています。**

■ NISA・つみたて NISA で税金が安くなる

・一般口座など（売却利益＝儲け分にかかる税率）

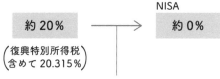

| 約 20% | → | NISA 約 0% |

（復興特別所得税
含めて 20.315%）

約 20%、税金が得 !!

〔具体例〕

・投資元本 100 万円 → 20 万円値上がり、10 万円の配当金あり

配当金 10 万円
売却益 20 万円 ）儲け額 30 万円の税金がゼロに

| 100 万円
（投資元本） | ⇒ | 100 万円
（投資元本） |

購入時　　　　　売却時

※30 万円 ×0.2（約 20%）
＝約 6 万円
の税金支払が不要に！

	NISA （～2023 年まで一方）		新 NISA （2024 年～）	
	つみたてNISA	一般 NISA	つみたて投資枠	成長投資枠
	一方の利用のみ		両方の利用可能	
年間投資枠	40 万円	120 万円	120 万円	240 万円
非課税期間	最大 20 年間	最大 5 年間	無期限	無期限
非課税保有 額（上限）	800 万円	600 万円	1800 万円（枠の再利用 OK）	1200 万円 （内数）
対象商品	投資信託	上場株式 投資信託 など	投資信託	上場株式 投資信託 など
口座開設	～2042 年末	～2023 年末	恒久的	恒久的
可能年齢	18 歳以上			

※2023 年末までに一般 NISA、つみたて NISA に投資した商品は新しい制度の外枠
　で非課税を適用

でも岸田ビジョンの「新しい資本主義」って、経済的弱者に目を向けるものだったはずですよね。本当に生活に苦しんでいる人が株式や不動産に投資するのでしょうか。投資する人はある程度、生活に余裕のある人ではないでしょうか。結局、富裕層が投資でさらに儲かることになる気もしますが……。

ちなみに、資産所得倍増プランの内容は大きく2つ。

①投資経験者の倍増を目指し、NISA総合口座（一般、つみたて）を5年間で倍増（2022年6月現在の1700万口座から3400万口座に）

②家計による投資の倍増を目指し、NISA買付額を5年間で倍増（2022年6月現在の28兆円から56兆円に）を目標に掲げています。

④ 投資で資産を増やす政策にリスクはないのか

投資は格差を広げるリスクがあることは否定できません。投資した富裕層はさらに資産を増やし、投資するお金のない貧困層は貧困から抜け出すことができない。格差社会をさらに拡大させかねません。

フランスの経済学者トマ・ピケティは経済的不平等の是正を考察し、『21世紀の資本』（2013年刊）の中で、21世紀の経済が r ＞ g になっていると分析しました。

株式や不動産投資収益（r）が賃金上昇率（g）を上回っているので、投資できる富裕層はますます儲かり、働くしかない労働者はコツコツ働いてもあまり儲からない。この結果、格差が拡大してしまうというのです。

この著しい格差を是正するためには、富裕層増税を強化する必要があるというわけです。格差是正というのは、今の経済政策として重要なテーマとなっています。

極端な円安で
資源が値上がり

1 極度な円安の進行でインフレが加速

2022年は、極度な円安が進行しました。輸入資源や輸入食料が急激に値上がりし、消費財全体のインフレが深刻化。2022年度の企業物価指数は**前年度比で9.7%上昇**し、比較的可能な1981年度以降で過去最高を記録しました。消費者物価指数も、2022年度は**前年度比で3.0%上昇**と1981年以来の記録的なインフレに見舞われてしまいました。

企業物価指数は、原材料となる原油や天然ガスといった資源の価格が大きなウェイトを占めているので、戦争の影響で激しく上昇しましたが、消費者物価指数を構成する消費財やサービスの価格にはすぐ反映されづらいため遅れて上昇しました。電気料金、ガス料金の値上がりや輸送コストの値上がりなどで、消費者物価はじわじわと値上がっていきます。消費財の値上がりはボディブローのように経済の体力を奪っていきます。

日本にとって不幸だったのは、ウクライナ侵攻の制裁としてロシアからの天然ガス輸入を西側先進諸国が制限した結果、**天然ガスや原油など輸入資源の国際価格が上昇したところに、急激な円安が重なった**ことでした。その結果、為替面でも円支払いの輸入価格が上昇してしまいました。

我が国の資源は、ほとんどが輸入に依存しています。**原油自給率は0.2〜0.3%**、液化天然ガス（LNG）自給率も**2.5%**にすぎません。**食料自給率もカロリーベースで37%**と低下傾向にあります。極度

な円安が進行すると、輸入資源や輸入食料の値上がりを招き、国民生活を直撃してしまいます。

2 為替（円高・円安）レートはどうやって決まるのか

　冒頭の 公式3 で説明しましたが、原則として**日本の国際収支が黒字（日本にマネーが流入）すると、円高が進行**します。逆に、**日本の国際収支が赤字（日本からマネーが流出）すると、円安が進行**します。このルールを覚えておけば、円高・円安の進行は予測できるでしょう。

■ マ ネ ー の 流 入

円高が進行する出来事	円安が進行する出来事
日本にマネーが流入	日本からマネーが流出
①日本の輸出が増加	①日本の輸入が増加
②日本への海外からの投資が増加	②日本から海外への投資が増加
・外国企業が日本に進出	・日本企業が海外に進出
・外国人が日本の株式を購入	・日本人が海外の株式を購入
・外国人が日本に円を預金	・日本人が海外にドルを預金
③海外からの訪日旅行者が増加	③日本からの海外旅行者が増加

　さて、2022年になぜ極度な円安の進行が起こったのかを解明してみましょう。

　キーポイントは、**日米金利格差の拡大**にあります。

　2022年中には、P42のチャート図にある通り、アメリカの預金金利が高く、日本の預金金利が低い状況が生じたため、日本人が金利

の高いドルで、預金するために円をドルに変換する動きが起こり、円安＝ドル高が進行しました。

　しかも、年間で1ドル＝110円から150円と35％も円安が進行しましたから、日本人から見ると**1ドルの米国商品が円建て（円支払い）で35％値上がりすること**になりますよね。つまり、**1ドルのアメリカ産パンが110円から150円に値上がりしてしまう**。さらに、ウクライナ侵攻の影響で起きた穀物値上がりでパンそれ自体も値上がりしていますから、より値上がりしてしまいます。

■ 日米金利格差で円安が加速

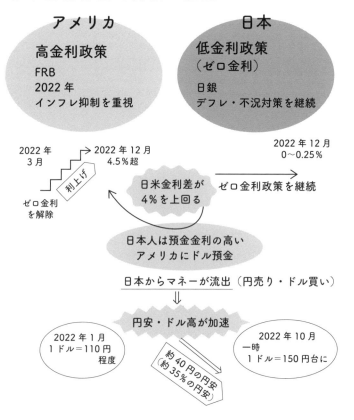

こうなってしまうと、日本の資源価格や食料品価格が値上がりするのは無理もないこと。特に輸入で賄っている**電力、ガス料金が極端に値上がりする**のは困ったものです。

極度な円安の進行は、日本にとって輸出力を伸ばして景気を回復させるメリットがありますが、輸入品のインフレを加速させて国民生活を圧迫させてしまうデメリットももたらします。

ですから、極度な円安状態を解消して、**適度な円安状態に誘導するのが望ましい**ということになります。

3 円安は日本にとって本当はいいもの？

円安＝ドル高は、日本にとっては輸出品のドル建て（ドル支払い）価格を低下させ、**輸出を増加させる**という良い側面を持ちます。特に日本を支える輸出企業にとっては、円安が進行すると輸出が増加し、収益も増加することになります。

トヨタをはじめとした自動車産業や、家電・パソコンなどの電子機器を輸出する企業にとっては、円安で輸出が伸びれば収益が増加することになるでしょう。

円安は日本の輸出を有利にし、景気を回復させるという良い側面**を持っている**ことがわかります。ですから、極度な円安を阻止し、適度な円安に誘導できれば、日本の輸出は増加し、景気の回復が期待できるのです。

日本経済を立て直すために、政府・日銀が行う為替政策は極めて重要な鍵を握っています。

日米金利格差の拡大を防ぎ、その差を縮小すれば、アメリカへの預金流出を防ぐことができ、極度な円安を防止できるという考え方が登場するのは無理もないところです。

デフレ・不況対策を徹底してゼロ金利にこだわりすぎると、日米

金利格差を拡大させ、マネーを流出させ、国内通貨量が減って **公式1** より、不況を招く可能性もありますし、極度な円安を進行させ、資源の輸入インフレを激化させる恐れもあるのです。日米金利格差や日欧金利格差も考慮しながら、国内の金融政策を実施しないと大きな政策失敗を引き起こしかねないのです。

■ 円 高 ・ 円 安 の 国 内 経 済 へ の 影 響

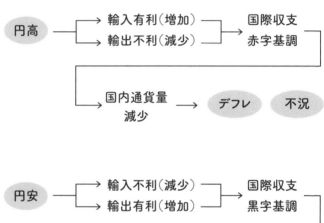

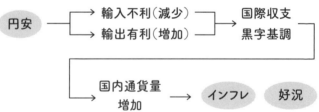

テーマ 4 | アベノミクスは日本経済の救世主だったのか

1 安倍内閣が掲げたアベノミクス

2012年12月に3年3カ月に及ぶ民主党政権が倒れ、自民党・公明党連立の第2次安倍晋三内閣が誕生しました。

民主党政権下の2011年3月11日には、東日本大震災・福島第一原子力発電所事故が起こり、日本経済全体が苦境に陥りました。特に原発事故後の2011年3月17日には、**1ドル＝76円台、同年10月31日には1ドル＝75円台の超円高**が進行してしまいました。テーマ2で述べたように、円高で輸出が不利になり、輸出産業の停滞によって円高・不況が深刻化しました。原子力発電の一時停止により、代替エネルギー源としての天然ガス（LNG）輸入も拡大し、日本は2011～15年は貿易収支が赤字に陥り、円高・不況は深刻化・長期化していきます。

このような不況下で2012年12月に実施された衆議院解散総選挙では、民主党が惨敗し、自民党・公明党が圧勝し、政権交代しました。

2012年12月に政権を獲得した安倍晋三首相は、政権の最優先課題を景気回復と位置づけ、積極的かつ大胆な景気回復策を相次いで発表して、市場にインパクトを与えました。

変化を求めていた市場は、この提案に敏感に反応し、景気回復に意欲を見せる安倍政権への期待感から大きくトレンドが変化し、円高は円安にシフト、株価は上昇に転じていったのです。

安倍政権は「これ以上の円高は望まない」とする**円高阻止の口先**

介入を行い、円買いの流れを心理的に止めました。実体介入を行ったわけではありません。株価の上昇も、当初は政策への期待感から引き起こされたもの。政府・日銀が一体となって行ったアナウンスメント効果が強く現れました。

アベノミクスの**3本の矢**は、デフレ・不況対策で述べた教科書通りの政策です。デフレ・不況対策は、公式2 で述べたように流通通貨量を増やすことでしたよね。

■ アベノミクス　3本の矢

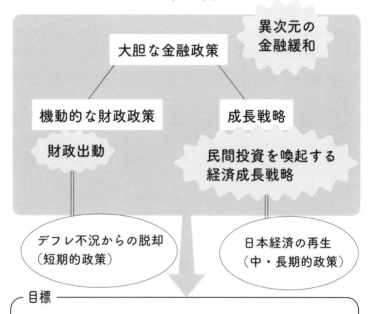

異次元の
金融緩和

大胆な金融政策

機動的な財政政策　　成長戦略

財政出動

民間投資を喚起する
経済成長戦略

デフレ不況からの脱却
（短期的政策）

日本経済の再生
（中・長期的政策）

目標

・10年間平均で 名目成長率年3%程度
実質成長率年2%程度 を実現

・10年後に1人あたりの名目国民所得を150万円以上
拡大

①1本目の矢＝大胆な金融政策

　大胆な金融緩和は、デフレ、不況対策の基本政策です。まず金利を実質０％に近い状態に近づけ、借りやすい状態を作りました。

　正確に言うと、銀行同士が困った時に、信用でお金を貸し借りするときの金利である**「無担保コールレート翌日もの」を実質的に０％にして、市中貸出金利を低めに誘導する**という政策なんです。

　ゼロ金利政策自体は、1999〜2000年、2001〜06年、2010年から安倍政権が終了した2020年９月以降も続けられましたが、アベノミクス効果がなかなか現れませんでした。そこで、2016年２月からは、なんと銀行が日銀に預ける日銀当座預金金利の一部に**マイナス金利を導入**したんです。常識を超えた禁じ手を使ったこの政策は「異次元の金融緩和」を呼ばれています。

　ゼロ金利政策をとっても景気が回復しない理由を**「流動性の罠」**という言葉で説明する考え方があります。

　金利の引き下げは０％が限界で、この金利政策をとってしまうと、今後さらに景気が悪化した場合、打つ手がないと悲観的になり、心理的に、景気はよくならないのです。マイナス金利は常識ではあり得ない対策なんです。

　理由は以下の通りです。

　例えば、預金金利−１％とすると、100万円を預金したら１年後には99万円に減ってしまうことを意味するので、誰も預金しなくなってしまいます。つまり、預金金利−１％とは、預金に１％の罰金が科されるに等しいのです。また、貸出金利−１％とすると、銀行から100万円を借りたら１年後に99万円を返済すればいい。そんなことをしたら、国民全員が借金をしようとして銀行に殺到し、銀行が潰れてしまいます。ですから、ゼロ金利が最終手段だと考えるのが経済の常識なんです。

それを当時、日銀のトップだった黒田総裁が破ったのです。銀行が日銀に預金をしたらマイナス金利分の罰金を科すことにしたというわけです。

　当時、黒田総裁が大砲を撃ったということから、**黒田バズーカ**とも言われ、市場を驚かせました。

　さらに異次元の金融緩和として行われたのは、**公開市場操作（オープン・マーケット・オペレーション）としての買いオペレーション（買いオペ）**の徹底です。日銀が市中金融機関から、手形・小切手・売れ残り国債などの有価証券を買って、市中金融機関に代金を渡していきました。その結果、市場の流通通貨量を直接的に増加させていったのです。ですから、この買いオペの徹底は量的金融緩和と呼ばれ、アベノミクスの中心的な役割を果たしたのです。

　買いオペの対象となる有価証券には、通常、株式は入っていません。ですが、日銀は株式連動型投資信託、いわば日経平均株価を構成する主要企業の株式全てを買うことにしたんです。株式の価格は自由競争の世界で、そこに政府・日銀は介入すべきではないというのが株式市場の大ルールですが、全部買ってしまえば不公平はないんじゃないかという発想ですよね。

　日銀が株式全部を買っていくわけですから、日経平均株価は上がるに決まっています。こうやって、株価の上げ相場が作られていきます。いわばお上が作った上げ相場、**"官製相場"**だったんですね。

　このような買いオペは、前述のように円高阻止の口先介入で輸出に不利な為替レート状況が改善するとの期待感を高めつつ行われたことから、投資家心理を改善し、投機的な株買いが増加していきました。**アベノミクスは、円安誘導→株価上昇を演出し、実体を作り出すというシナリオだったと言って良いでしょう。**

■「アベノミクス」の円と株の値動き

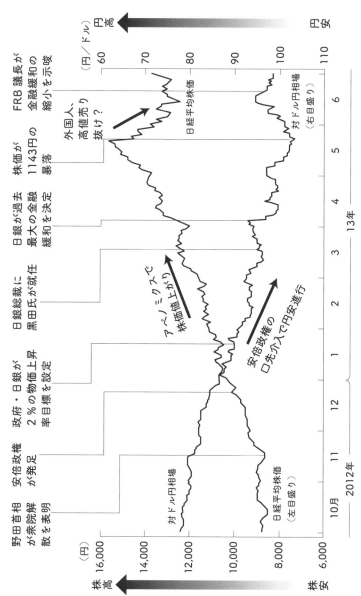

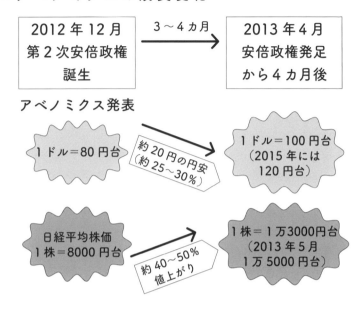

■ アベノミクスの成長変化

| 2012年12月 第2次安倍政権 誕生 | →3～4カ月 | 2013年4月 安倍政権発足 から4カ月後 |

アベノミクス発表

1ドル=80円台 → 約20円の円安（約25～30%） → 1ドル=100円台（2015年には120円台）

日経平均株価 1株=8000円台 → 約40～50%値上がり → 1株=1万3000円台（2013年5月 1万5000円台）

　それを示すのが、P49のグラフです。安倍政権誕生と共に、一気に円安が進み、それにともなって株価が上昇しています。2012年12月の政権交代・アベノミクスで経済が一気に上向いていることがわかります。

②2本目の矢＝財政出動

　デフレ・不況対策として流通通貨量を増やすために、**財政支出の拡大（ばらまき）＝財政出動**を行いました。政府としては、歳入面では減税を行いながら、歳出面では積極的に支出を拡大するスペンディング・ポリシーを行ったのです。政府から見れば、出血大サービスの赤字財政の徹底です。これもテーマ1で述べた通り、教科書通りのデフレ・不況対策です。

　具体的には、**減税としては法人実効税率**（国税としての法人税＋

地方税としての法人の住民税や事業税などの合計）**の引き下げを行いました。**かなりの大幅引き下げです。

　デフレ・不況を克服するためには、まず企業の収益を改善して、企業の元気を取り戻すべきだという自民党らしい政策ですね。

　しかし、その一方では財源不足から消費税率の引き上げを実施しました。**2014年4月には5％を8％に、2019年10月には8％を10％に。**安倍政権は企業には優しいですが、庶民には厳しいという批判が野党から出されることもありました。

　安倍政権は、法人税率は引き下げたものの消費税率を引き上げたことから、デフレ・不況対策にブレが生じてしまいました。景気回復効果を相殺してしまったというのも否定し難い事実ですね。大企業の純利益は増加しましたが、消費は上向かず、景気回復が遅れてしまいました。

■ 法人実効税率（大企業）

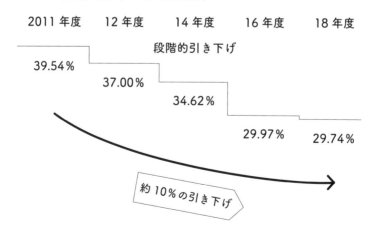

| 2011年度 | 12年度 | 14年度 | 16年度 | 18年度 |

段階的引き下げ

39.54％

37.00％

34.62％

29.97％　　29.74％

約10％の引き下げ

③3本目の矢＝民間投資を喚起する成長戦略

　アベノミクスにとって成長戦略は、中・長期的な経済成長政策であり、構造的な景気回復策といって良いでしょう。

　安倍政権誕生時には、製造業の復活、イノベーション支援、設備投資減税、社会保障の削減などの財政健全化などを掲げており、いつもの政策羅列にすぎないという印象でした。注目されたのは「**国家戦略特区**」の創設という言葉でしたが、2003年に小泉純一郎政権下で設置された「構造改革特区」との違いは明確ではありません。とはいえ、規制緩和を一部地域で進めて競争原理を導入したり、一定の経済活性化の施策をテストするということは大切です。安倍政権がどのような「国家戦略特区」を創設するかが焦点となりました。

　その他の成長戦略には以下のものがあります。

・IR（統合型リゾート）

　カジノを含めた複合的集客施設。日本では、2016年にIR推進法、2018年にIR実施法が成立。全国に3箇所カジノを設置し、収益増を図るものです。売上の30％は国・地方に納付されるため公的財源も期待できる一方、治安の悪化など住民の反対が強いのも事実です。

・防衛装備移転三原則

　2014年に閣議決定。**武器輸出三原則に代わる新たな政府方針**です。武器の輸出・共同開発などに道を開き、武器を産業として位置付ける。平和主義を標榜する我が国が、いわゆる"死の商人"になることへの反対意見も出されています。

・研究開発税制（2021年4月以降）

　研究開発を行う企業が、法人税率（国税）から試験研究費の一定割合（2～14％）を控除できる制度。控除できる金額は、原則として法人税額の25％が上限。民間企業の研究開発投資を維持・拡大

■ 国家戦略特区

⦿ 1次指定〈平成26年5月1日〉
⦿ 2次指定〈平成27年8月28日〉
⦾ 3次指定〈平成28年1月29日〉

仙北市
新潟市
仙台市
関西圏
（大阪府、兵庫県、京都府）
養父市
福岡市・北九州市
東京圏
（東京都、神奈川県、
千葉市及び成田市）
愛知県
沖縄県
広島県・今治市

内閣府Webページより

東京圏（東京都・神奈川県・千葉県成田市・千葉県千葉市）—
国際ビジネス・イノベーションの拠点

関西圏（京都府・大阪府・兵庫県の全域または一部）—医療等
イノベーション拠点、チャレンジ人材支援

新潟県新潟市—大規模農業の改革拠点

兵庫県養父市—中山間地農業の改革拠点

福岡県福岡市・北九州市—創業のための雇用改革拠点

沖縄県—国際観光拠点

秋田県仙北市—「農林・医療の交流」のための改革拠点

宮城県仙台市—「女性活躍・社会起業」のための改革拠点

愛知県—「産業の担い手育成」のための教育・雇用・農業等の
総合改革拠点

広島県・愛媛県今治市—観光・教育・創業などの国際交流・ビッ
グデータ活用特区

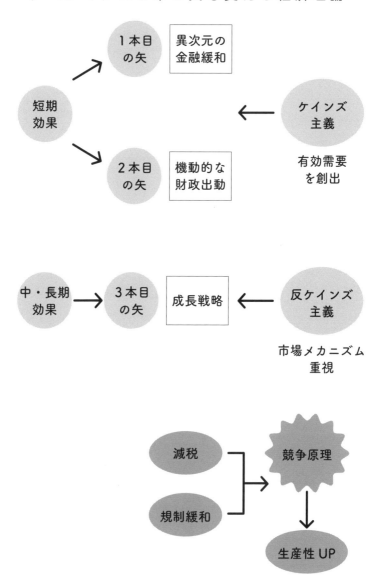

■アベノミクス3本の矢を支える経済理論

1本目
の矢　異次元の
金融緩和

短期
効果

ケインズ
主義

有効需要
を創出

2本目
の矢　機動的な
財政出動

中・長期
効果　3本目
の矢　成長戦略　反ケインズ
主義

市場メカニズム
重視

減税

規制緩和

競争原理

生産性UP

することにより、イノベーション創出に繋がる中長期・革新的な研究開発等を促し、我が国の成長力・国際競争力を強化することを目的とする措置です。

・東京オリンピックの誘致（2020年夏予定→2021年8月）

2020年夏を予定していましたが、コロナの影響もあり、1年遅れで実施されました。本来であれば、外国からの観光客でインバウンド需要が期待されましたが、無観客となったため期待された消費拡大が見られず、東京オリンピック景気は享受できませんでした。むしろ、オリンピック談合問題で汚点を残す結果になってしまいました。

・国際博覧会（万博）の誘致（2025年4～10月開催予定）

東京オリンピック景気が起きたとすると、オリンピック後は反動不況に見舞われるリスクがありました。そこで政府は、オリンピック反動不況克服の切り札として、万博の誘致を行って勝ちとったのです。

2008年に開催された北京オリンピック後、2010年に上海万博を実施した中国の成長モデルを参考にしたものといえます。

2 アベノミクスは本当に成功したのか

2012年12月～2018年10月の71カ月と長きにわたり**アベノミクス景気**が続きました。アベノミクスの実施で、円高を円安に誘導し、株価を上げ、完全失業率の低下や有効求人倍率の上昇など雇用を改善した点は評価されるところでしょう。安倍氏自身は当時、安倍政権が誕生した2012年12月から71カ月の間、**アベノミクス景気によって戦後2番目の長期景気を達成した**と成果を強調しています。

しかし、「アベノミクス景気」は年平均1.2％の実質経済成長率で、

超低空飛行のダラダラ景気と言っていいでしょう。高度成長期の最中だった1965年11月～1970年7月まで57カ月続いた「いざなぎ景気」は、年実質11.5％成長という驚異的な成長でした。そのため「アベノミクス景気」が「いざなぎ」超えと言われても実感しにくいのが現実です。それに、2014年4月には消費税率の引き上げが影響して、その年は実質マイナス成長を記録していますから、景気が良いというのはなかなか渋い判断です。

　ちなみに景気の良し悪しを判断するのは、内閣府経済社会総合研究所が景気基準日付（山・谷）を設定し、景気動向指数研究会での議論を踏まえて経済社会総合研究所長が設定しています。決して感覚で決めているわけではない、と信じたいのですが、なかなかそうは思えない状況が続いています。

③ アベノミクスの成果目標は達成できていない

　安倍政権がアベノミクスを進める中で、2013年4月に日銀の黒

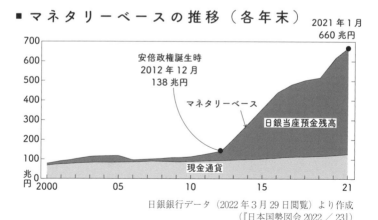

■ マネタリーベースの推移（各年末）

日銀銀行データ（2022年3月29日閲覧）より作成
（『日本国勢図会2022／23』）

田総裁（当時）は**インフレ・ターゲット（物価数値目標）を設定**し、**消費者物価指数を年2％上昇させるという目標を設定**しました。

　しかし、安倍政権が終了する2020年9月までに実質値で、この目標を達成することはできませんでした。前述のように買いオペレーションなど異次元の金融緩和を続け、量的金融緩和、流通通貨量、マネタリーベース（ベースマネー、ハイパワード・マネー）を4倍以上に増加させるなどあらゆる手を尽くしても達成できませんでした。普通だったら、流通通貨量が4倍になれば、インフレ・景気過熱になることがセオリーですが、消費者物価指数が年2％も上昇しないのです。国内の消費が冷えてしまい、消費需要が増えてこないからです。ここに、アベノミクスの欠陥や問題点が見えてきます。

4　トリクルダウンが起きていない

　安倍政権は、なぜ法人実効税率を引き下げるのかについて「デフレ・不況対策には、まず大企業をはじめとした日本経済を牽引する企業の元気を取り戻すことが先決」だと説明していました。まず法人実効税率を引き下げて大企業の収益を改善するつもりだったのです。

　そもそも**日本の法人実効税率は他国と比べて高すぎて、法人税率の低いタックス・ヘイブン（租税回避地）に企業が流出し、国内産業が空洞化する恐れがある**。それを防ぐ必要もありました。日本国内の大企業の収益が改善すれば、大企業の労働者の賃金は上がり、下請け企業も儲かる。やがて、下請け企業の賃金も上がり、庶民全体の所得が、つゆが滴り落ちるように増加し、消費が改善するであろうと想定されます。この効果を**トリクルダウン**と呼びます。

　ただ、トリクルダウン効果があらわれるには相当時間がかかりますし、安倍政権が終わる2020年9月までの7年3カ月で、消費の

飛躍的拡大は見られず、トリクルダウンが十分に見られなかったのです。

　ここに、「アベノミクスには何らかの欠陥があったのではないか」との疑いが出てきます。大企業の収益が増えても、下請け企業の下請け代金を引き上げる法的措置を取らなかったため、下請け企業の収益が改善されず、中小企業労働者の賃金が増えていかなかった。下請け企業がコストの安い途上国企業に代替されてしまった。最も大きい疑いとしては、**大企業が減税で増えた利益を、賃金引き上げや国内投資に回さず、内部留保して溜め込んだ可能性**があります。減税分が国内市場に流通しなければ、景気回復効果は現れないですよね。

　しかも、大企業は内部留保した資金を国内投資するでしょうか。少子・高齢化して人口が減少し、総消費が減少する国内に投資しても儲からない。とすると、今後成長して消費増加が期待される新興国などに投資するのではないかと予想されます。新興国バブルはアベノミクス効果が支えていたという皮肉な結果になるかもしれませんね。

　結局、ばらまいた財政資金が海外に流出してしまうことに問題があったのではないでしょうか。内部留保した資金を国内投資に回した際には、プレミアム優遇減税をするなど、資金が国内に投資され、通貨が国内に流通する仕組みを同時に実施する必要がありますよね。ばらまかれた財政資金が、海外に流出しないための水漏れ防止策を強化することが急務の課題ではないでしょうか。

テーマ 5 | 借金まみれの国家予算

1 日本に借金はどれぐらいあるのか

　日本政府の借金を示す**国債残高は、2022年度末に1000兆円を超えて1026兆円（当初予算）となり、1年間の国内総生産（GDP）と比べて181％（1.8倍）となりました。** つまり、1年間の国内生産額＝国内取引額＝国内所得の約2倍の借金を背負った状態にあります。政府の1年間の一般会計予算（普通の生活費）は約100兆円（2023年度は113兆円）ですから、一般会計の約10倍の借金がある状態です。

　政府の借金を、私たちの生活に当てはめれば年収の約2倍の借金、1年間の生活費の約10倍の借金を抱えている状態です。さらに、忘れてはならないのは、都道府県や市町村などの地方も借金をしているということです。地方債残高も200兆円に迫る額に達しています。

　国と地方の借金の合計（国債残高＋地方債残高）である**公的債務残高は、長期だけでも1200兆円を超え、対GDP比で200％（2倍）を超える状況**となっています。対GDP比を国際比較するために円をドルで換算すると250％（2.5倍）にも達し、先進7カ国（G7）中、最も高い最悪の数値を示しています。我が国はG7中、最も国家財政破綻に近い国という状況になっているのです。

　日本の人口が1.2億人で、公的債務残高が1200兆円あるということは、国民一人当たり1000万円の借金を背負っていることになります。日本で生まれた赤ちゃんは、生まれた瞬間に1000万円の借金を

■ 国および地方の債務残高の国際比較（対GDP比）

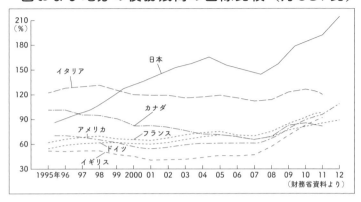

（財務省資料より）

背負うことになる。家族4人だと計4000万円の借金を背負ってい
る。気が遠くなりますね。

2 国の借金は、なぜ増えてしまったのか

　国の借金が増えた理由、それは健全な収入である税収を超える支
出を行ってきたからです。税収が減ったのに無駄遣いを続けたから、
毎会計年度の財政収支の赤字が生じ、それが積み重なった結果、巨
額の国債残高を抱えることになってしまいました。

　日本の政治家たちが、財政規律を守らず、選挙に勝つため、とり
あえず財政のばらまきをして景気を良くしようとした。もっと言え
ば、地元の支持を得るために地元に利益誘導型のばらまきをして道
路などを作り続けてきたツケかもしれません。

　我が国では、1966年に第一回建設国債 を発行して以降、現在ま
で毎会計年度、発行され続けています。ちょうど1960年代以降は高
度成長の後半期にあたり、いざなぎ景気を支えた政府主導の公共投
資は、借金によって行われていたのです。当初は、財政法が守られ、

■ 国債のしくみ

建設国債

社会資本（インフラ）
などの建設物を
作るための借入金

赤字国債
（特例国債）

一般会計歳入の不足を
補うための借入金

⇑

財政法が発行を
認めている

⇑

財政法は発行を
禁止

（理由）
国債は将来の国民が税金で
返済することになり、後世
代のツケになるが、建設物
を作れば形が残り、後世代
の利益にもなる

（理由）
一般会計歳入不足を補う借
金は、現世代のために使わ
れ、形が残らず、後世代に
返済のツケだけを残すので
不合理

実際は毎会計年度（1～複
数年もあり）財政特例法を
制定して発行するのが普通

赤字国債は発行されていませんでした。ですが、1973年に第一次オイルショックが起こり、1974年に戦後初の実質マイナス成長に陥ると、不況で減った税収を補填するために赤字国債が特例法によって発行されるようになります。それが1975年度です。以後、毎会計年度、特例法を制定して赤字国債を発行するのが当たり前になってしまいました。

　しかし、赤字国債の発行をゼロにするため、1989年には消費税（当時3％）が導入されました。ですから、1990年代初めには、一時期、赤字国債の発行はゼロ（建設国債の発行のみ）でした。しかし、1991～93年はバブル崩壊不況で税収が減る一方、不況対策として

公的資金投入の必要性に迫られた政府は、1994年度より、再び特例法を制定して赤字国債を発行するに至ったのです。以後、赤字国債の発行額は増加していき、毎会計年度の財政収支の赤字構造が定着してしまいました。

その年度の一般会計歳入に占める国債発行額（借入金）の割合を示す国債依存度は上昇傾向を示し、バブル後遺症で金融不況に陥った**1998〜99年度には、不良債権買取のための財源として赤字国債が濫発され、国債依存度は40％台を記録**しました。IT バブル崩壊に陥った**2002〜04年度も40％台**、2008年9月に発生したリーマンショックで不況が深刻化した**2009年度は50％台（51.5％）**となり、

■ 国債発行の推移

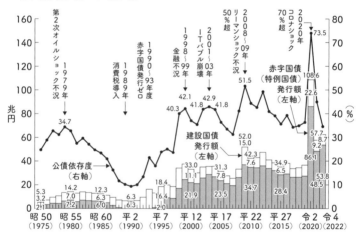

（注1）令和2年度までは決算、令和3年度は補正後予算、令和4年度は予算による。
（注2）特例公債発行額は、平成2年度は湾岸地域における平和回復活動を支援する財源を議論するための臨時特別公債、平成6〜8年度は消費税率3％から5％への引き上げに先行して行った減税による租税収入の減少を補うための減税特例公債、平成23年度は東日本大震災からの復興のために実施する施策の財源を調達するための復興債、平成24年度及び25年度は基礎年金国庫負担2分の1を実現する財源を調達するための年金特例公債を除いている。
（注3）公債依存度は公債発行額を一般会計歳出総額で除して算出。

（財務省資料より作成）

なんと一般会計の半分を借金で賄うという借金まみれの財政赤字に陥ってしまいます。さらに驚くべきことに、コロナ禍に見舞われた2020年度は、**最終的に国債依存度が70％台（73.5％）という異常事態に陥った**のです。

　国は1年間の生活費の70％以上を借金に頼っていたということですよね。皆さんの家で考えれば、生活費の70％以上を消費者金融から借りているようなものなので、まさに家計は火の車です。

　2020年度のコロナ対策として、実施された財政出動は、ほとんどが国債発行で賄われました。1年間に100兆円を超える借金をしたという計算になります。

■ 2020年度の一般会計予算（国債依存度73.5％）

<u>　　　　　　　</u>新型コロナ対策の第1〜3次補正予算は<u>　　　　　　　</u>
ほとんどが新規国債発行（借金）

一般会計予算（当初）	約 103 兆円	←	当初の国債依存度 31.7％
第1次補正予算（2020年4月）	約 26 兆円		
第2次補正予算（2020年6月）	約 32 兆円	←	ほとんどを国債で調達 73.5％
第3次補正予算（2021年1月）	約 19 兆円		

（計）約 175 兆円

　この結果、国債残高は想定外に激増することになってしまいました。将来の国民は、この借金の返済を背負うことになるのです。具体的に言えば、将来、この返済のために消費税率が大幅に引き上げられ、国民に重くのしかかってくることになるのは確実です。

　このテーマの冒頭で述べたように、2022年度末で国債残高は約

1000兆円、地方債残高を加えた長期公的債務残高は、約1200兆円にも達しています。以下のグラフは、国債残高の推移を示しています。

■ 国債残高の推移

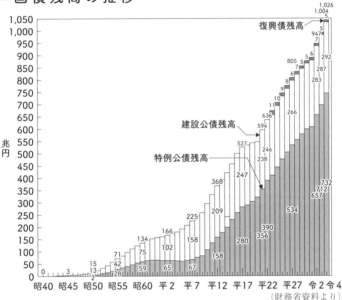

（財務省資料より）

3 国の財政が破綻するとどうなるか

　国債の償還期に、国にお金がなくて返済できないという状況を、**デフォルト（返済不能）に陥る**といいます。通常だと債務者が借金を返せなくなるとその人は破産して、債権者に財産を強制的に取られるという手続きに入ります。国に対しても同様ですが、現実的に財産がなければ取り立てることはできず、債権者は泣き寝入りするか、一部返済してもらって残りの債権は放棄せざるを得ないのです。結局、国債を買った人は、全額返済を受けることができず、

大きな損失を被ることになるでしょう。**国が破綻するときには、国が一方的に債務削減の法律を作って踏み倒すことになるという見方もあるくらいです。**いずれにしても、財政危機が高まれば日本国債が信頼を失い、暴落することは間違いありません。国債を大量に保有している金融機関は大損をしますから、金融破綻のリスクの高まりにつれて金融危機が起こり、恐慌状況に陥ることでしょう。

　ちなみに、国債が暴落するというのはどういうことなのでしょうか。

　国債の暴落というのは、国債を持っている人が償還期まで待ちきれずに早めに国債を投げ売りすることで起こります。流通国債が安値でしか売れなくなると思ってください。例えば、10年後に国から100万円返してもらえるはずの国債を少しでも現金が回収できれば良いと考えて、60万円で売ってしまうといった現象です。逆に言うと、暴落した国債を60万円で買った人は、償還期には100万円を回

■ 国債価格と国債金利のバランス

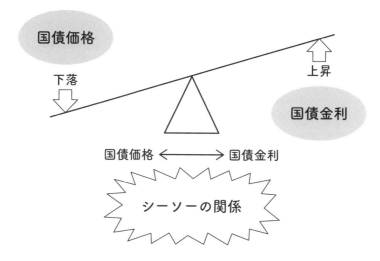

65

収できる権利を持つことになります。つまり、国債金利は100万円－60万円＝40万円となり、流通国債金利が上昇するのです。国家財政危機で、国債が暴落すると流通国債金利が上昇するため、銀行は預金を集めるために預金金利を引き上げざるを得なくなります。よって、銀行の金利も上昇して、景気は低迷し、不況に陥ってしまいます。

最終的に国がデフォルト状況になると、金融機関が破綻して恐慌、大不況に陥っていく最悪の事態になるのです。

さらにもし、償還のために通貨増発が行われればインフレが発生するリスクもあります。

このまま国債を濫発し続けると、インフレと不況が同時に発生する恐れがあります。**インフレと不況が同時発生することをスタグフレーションと言いますが、激しい超インフレと大不況が同時に発生**

■ 国債濫発の問題点

後世代への租税負担転嫁

国債償還のため増税の危険性

財政硬直化

国債償還のため、本来の財政支出を圧迫

クラウディング・アウト

資金が国債（政府部門）に集まると、民間の資金を押しのける

資本逃避（キャピタル・フライト）

国家財政の破綻懸念が高まると日本への投資資金などが海外に流出

インフレの危険性

後世代の租税の前取りでスペンディングするため物価上昇の危険性
償還のために通貨増発が行われるとインフレが発生

するハイパー・スタグフレーションが、**最悪のシナリオ**といえます。リアルにいえば、ジュース１本買うのに100万円かかり、倒産する会社や失業者が激増するという状況です。かなり厳しいですよね。

4 財政破綻を防ぐにはどうすればいいのか

日本国債は安心だ！財政破綻することはない！とする楽観論に立ち、財政支出の拡大を支持する政治家も多く存在します。通貨を増発すれば良いという論者もいます。

しかし現実的にはかなり厳しい状況に追い込まれています。通貨を増発して償還すればいいというのは、かなりの楽観論ですね。やはり、**インフレのリスクやキャピタル・フライト（資本逃避）を起こす引き金になりかねない**からです。

理屈だけでいえば、無駄な支出を抑えて、税収を増やせばよいのです。税収を超える支出をするから借金をしなければならない。税収の範囲内で、慎ましく暮らせばいい。当たり前のことです。

普通の家庭でいえば、当然のことですよね。お父さんの給料が減ったら、家族みんなで倹約して慎ましく暮らすはずです。そうしないと破産しますから。でも国はそれができていない。バブルが崩壊して税収が減ったのにバブル期の無駄遣いを続けている。だから、1990年代以降、国債残高は激増してしまったのです。

目標としては、第一に、一般歳出を減らすこと。無駄な事業予算を見直して、できるだけ無駄遣いを削減することは絶対条件です。2009年に政権をとった民主党政権が事業仕分けを行ったこと自体、考え方としては間違っていません。

国会議員の歳費の削減、政党助成金の削減、公共事業の削減など無駄遣いを減らす方法はたくさんあります。新型コロナ対策で無駄

な予算が使われたり、東京オリンピック談合で財政資金が一部企業に高く支払われたり、天下りした元官僚たちに高額の財政資金が支払われているとしたら、これは許せませんよね。

　第二に、非常に難しいのですが、税収を増やすこと。単純に言えば、税率を引き上げて増税すればいいのですが、税率を引き上げすぎると景気が悪化し、かえって税収が減ってしまう恐れがあります。場合によっては、法人税率の引き下げなどを行い、景気回復を図って税収の自然増加を狙うというアプローチもあります。景気回復が最大の財政再建策と言えるでしょう。

　いずれにしても、本当の意味での成長戦略が大切です。イノベーションをおこして新しい時代に乗り遅れないこと、自由貿易の波に乗り、国際競争力を高めることなど、日本経済の底力が試されています。

　ちなみに、政府は、税収などの一般歳入と国債償還（返済）費を除く一般歳出の差額のことを**プライマリー・バランス**と呼んで難しい言葉で表現しています。現在は、税収を超えた無駄な支出をしているため**プライマリー・バランスが赤字の状況**にあるので、財政再建のためには税収の範囲内に支出を抑えて**プライマリー・バランスを均衡ないしは黒字化すること**を**目標**に掲げています。

■ プ ラ イ マ リ ー ・ バ ラ ン ス の 均 衡
　（ 基 礎 的 財 政 収 支 ）

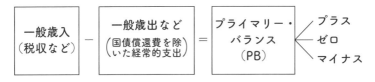

現状＝プライマリー・バランス（PB）がマイナス（大幅赤字）

```
一般歳入        一般歳出
（税収など）  ＜  （経常的支出）
```

将来目標＝プライマリー・バランス（PB）がゼロ（均衡）
　　　　　　　　　　　　　　　　プラス（黒字）化

```
一般歳入        一般歳出
（税収など）  ≧  （経常的支出）
```

第 2 章

国際経済

（国境を越えて成長と共生を目指す国際経済）

日本のお金の動きがわかれば、次は世界へ目を向けてみましょう。貿易、株価、物価など、世界のお金はどう動いているか、次の章で見てみましょう。

▶キーワード

◉ボーダーレス・エコノミー

＝P75

国境線を越えた経済取引が拡大している状況。貿易や企業進出・株式投資、企業内取引など経済面では、国境線の意味は薄れつつある。

◉国際収支

＝P75, 76, 79

自国の海外取引の動きを示すための統計のこと。
一般的な国際取引の指標となる経常収支（貿易・海外投資収益のマネーの流出入）、ダムや道路などの固定資本形成に係わる援助マネーの流出入を示す資本移転等収支、海外への投資（企業進出、株式購入、預金など）による海外資産の増減を示す金融収支などで構成される。

◉サプライ・チェーン

＝P76

企業が製品を完成させるまでの工程を形成する供給網のこと。
企業内で生産が分業化されているため、自然災害などで一部のサプライ・チェーンが寸断されると、新製品が全く生産できないという状況に陥ることが多い。

◉経済連携協定（EPA）

＝P81, 82, 84, 87, 89

エコノミック・パートナーシップ・アグリーメント。
二国間または多国間で経済協力を図るための国際協定。モノの取引の際にかかる関税の引き下げや撤廃を目指す自由貿易協定（FTA）のみならず、ヒト（労働力）の移動の自由化、カネ（投資）の

移動の自由化なども含めた多岐にわたる経済協定。

◉CPTPP

＝P82, 84, 89

包括的かつ先進的な環太平洋パートナーシップ。

当初、TPP（トランス・パシフィック・パートナーシップ）として太平洋を囲む12カ国で経済連携することを目指していたが、アメリカのトランプ政権が最終的に離脱したことから、11カ国間で2018年に発効した。日本、ASEAN4カ国、オーストラリア、ニュージーランド、カナダ、メキシコ、ペルー、チリが加入している。

◉RCEP（アールセップ）

＝P82, 84, 89

東アジアを中心とする地域包括的経済連携協定で、2022年に発効した。日本、ASEAN10カ国、オーストラリア、ニュージーランドに加えて、中国、韓国も加入している。

◉南北問題

＝P92

地球の南半球に多い発展途上国と北半球に多い先進国の格差問題。1960年代以降、政治問題化した。

◉南南問題

＝P92

地球の南半球に多い発展途上国の内部における格差問題。

1970年代のオイルショックで産油途上国が利益を増やす一方、非産油途上国は損失を被り、格差が拡大した。その後、発展を遂

げる新興国と後発発展途上国(LDC)ないしは最貧国との格差も
拡大している。

●グローバル・サウス

＝P92

最近、発展途上国をグローバル・サウスと表現することが増えて
いる。中・低所得途上国、新興国を含めて用いられ、概念は確定し
ていない。しかし、資本主義・民主主義を標榜する西側諸国と社
会主義・権威主義を標榜する中国、ロシアなどの陣営に加入せず
全方位的な中立路線をとる国々を指すことが多い。

●SDGs

＝P93

「持続可能な開発目標」で2015~30年に達成する目標として国
連で策定された。
貧困解消、ジェンダー平等、気候変動への具体的な対策など17
目標と169ターゲットを掲げている。

●ODA

＝P93, 95

「政府開発援助」のこと。
先進国が発展途上国に行う経済協力のうち、贈与や低利融資、国
際機関への拠出金など質の良い経済援助。先進国は自国の国民
総所得(GNI)の0.7%目標の達成を掲げている。

ボーダーレス・エコノミー

1 国際収支の動きで経済は予測できる

　ボーダーレス・エコノミーと呼ばれるように経済の国際化が進む中、日本の国内経済を見通すためには国際収支の動きを見ることが欠かせません。**国際収支は、対外取引に伴うマネーの流出入を示しています**から、国内通貨量が増えるか減るか明確にわかります。すると、公式1より、国内の景気や物価の動きが予測できるはずです。国際収支の各項目が黒字か赤字か、その推移を見ることは日本経済の予測や政策立案にとって極めて重要なのです。

　2022年、我が国の貿易収支（輸出額－輸入額）は約15兆円の赤字を記録しました。貿易面だけを見れば、マネーが日本から大幅に流出し、国内通貨量を減らす状況が起こっていますから国内景気を悪化させ、デフレを招く圧力が最大レベルで働いていることになります。日本は元々輸出国で貿易収支は10〜15兆円の大幅な黒字を出す国でした。それが－15兆円の赤字国に転落してしまったのです。

　貿易収支大幅赤字の理由は、2022年2月に勃発したロシアのウクライナ侵攻が大きいですね。戦争で原油や天然ガス、穀物など資源・食料の輸入価格が跳ね上がりました。結果、輸入代金がかさんでしまった。そこに日米金利格差で発生した極度の円安で、輸入品に支払う円代金が、さらに値上がりしてしまった。これが、統計史上、過去最大の貿易収支赤字（円表示）を記録した原因になりました。

■日本の国際収支の推移

（単位：億円）

	2017	2018	2019	2020	2021	2022速報	
経常収支	227,779	195,047	192,513	156,739	154,877	114,432	
貿易・サービス収支	42,206	1,052	−9,318	−8,773	−25,615	−213,881	
貿易収支	49,113	11,265	1,503	27,779	16,701	−157,808	※1
輸出	772,535	812,263	757,753	672,629	822,837	986,903	
輸入	723,422	800,998	756,250	644,851	806,136	1,114,711	
サービス収支	−6,907	−10,213	−10,821	−36,552	−42,316	−56,073	
第一次所得収支	206,843	214,026	215,531	191,209	204,781	353,087	※2
第二次所得収支	−21,271	−20,031	−13,700	−25,697	−24,289	−24,773	
資本移転等収支	−2,800	−2,105	−4,131	−2,072	−4,197		
金融収支	188,113	201,361	248,624	138,073	107,527	78,625	
直接投資	174,118	149,093	238,591	90,720	134,043	177,821	
証券投資	−56,513	100,528	93,666	43,916	−220,234	192,710	
金融派生商品	34,523	1,239	3,700	7,999	24,141	52,480	
その他投資	9,467	−76,127	−115,372	−16,541	100,677	111,606	
外貨準備	26,518	26,628	28,039	11,980	68,899	−70,571	
誤差脱漏	−36,866	8,419	60,242	−16,594	−16,594		

※1 貿易収支大幅赤字　※2 第1次所得収支大幅黒字だから経常収支黒字を記録

（「日本国勢図会」などから作成）

2 日本が貿易収支赤字に陥ったそのほかの原因

　我が国は高度成長期の1960年代半ば以降、輸出国となり、一貫して貿易収支の黒字を続けてきました。しかし、大きな転換点になったのは、2011年の東日本大震災でした。2011〜15年には、国際収支統計では48年ぶりに貿易収支が赤字に転落しました。その理由は以下の通りです。

①大震災により下請けメーカーが被災

　大震災が起きたことにより自動車、パソコンなどの下請けメーカーが被災しました。それが原因で、サプライ・チェーン（供給網）が寸断されたため、新車などの新製品の生産ができず、輸出するものがなくなりました。

②福島原発事故で代替エネルギーとして液化天然ガス（LNG）の

輸入が増加

　原発事故の影響で、原子力による電力供給が滞り、代替エネルギーとして液化天然ガス（LNG）の輸入が増加しました。

　しかし、大震災が発生しなくても、家電やパソコンなどの国際競争力が低下しつつあったことに注目しなければなりません。賃金コストの安い発展途上国や新興国の製品と比べて、日本製品はコスト高になっていたのです。つまり、大震災の発生で貿易収支赤字に転落する時期が早まってしまったという見方が強いですね。やはり、イノベーションによる新製品開発や品質の向上、コスト削減など品質・価格の両面で日本製品の国際競争力を高めることが重要でしょうね。

③第一次所得収支が過去最大の大幅黒字

　2022年の第一次所得収支は約35兆円の大幅黒字を記録しました。過去最大の黒字です。**我が国は、−15兆円という貿易収支赤字を＋35兆円の第一次所得収支黒字が補填してくれた**ため、極度の景気悪化を防ぐことができたのです。貿易収支赤字を第一次所得収支黒字が補うというのは、最近の日本経済の特徴です。これで日本の経済はギリギリ踏ん張っている状態です。

　第一次所得収支は、海外投資収益（日本人が海外に投資して得た対価である利子・配当など）を示していますから、日本人は過去貿易で稼いだお金を、海外の株式などに投資し、その配当金で稼いでいることがわかります。

　まるで、過去の遺産を運用して暮らしているお年寄りの資産家みたいな感じですね。政府の白書などでは一国の経済発展を5つの段階で示すことがありますが、我が国は**「成熟した債権国」の段階にある**と格好良く表現しています。

■ 一国の経済発展の5段階

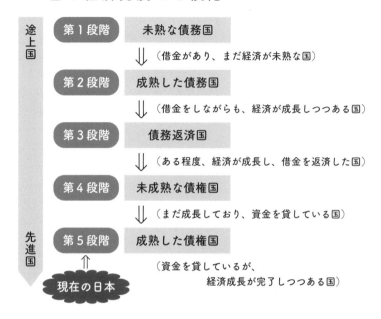

途上国

第1段階	未熟な債務国
⇓ （借金があり、まだ経済が未熟な国）	
第2段階	成熟した債務国
⇓ （借金をしながらも、経済が成長しつつある国）	
第3段階	債務返済国
⇓ （ある程度、経済が成長し、借金を返済した国）	
第4段階	未成熟な債権国
⇓ （まだ成長しており、資金を貸している国）	
第5段階	成熟した債権国

先進国

↑
現在の日本

（資金を貸しているが、
　　経済成長が完了しつつある国）

　しかし、**第5段階に該当する「成熟した債権国」というのは、もはや全盛期は過ぎて沈む寸前の国であることも意味しています。**モノを作らずに過去の遺産を貸付や投資に回して利子・配当を稼いでいるだけですと、いずれ、経済は腐って停滞してしまいます。やはり、モノ・サービスを作って売る状況を維持しないと、日本経済は沈んでしまいます。モノやサービスの生産性を高める努力を怠ってはいけません。

■ 国際収支項目の内容

1 経常収支

- 1. 貿易・サービス収支
  - 貿易収支　　　　財貨（モノ）の輸出・輸入を示す（輸出ー輸入）
  - サービス収支　　見えざる貿易の収支。輸送、（海外）旅行、金融（証券売買手数料等）などのサービス取引を示す。知的所有権の使用料を含む
- 2. 第1次所得収支　雇用者報酬、対外投資収益（利子・配当など）の受け払い。
- 3. 第2次所得収支　対価を伴わない消費財（食料・医薬品など）の援助、無償の資金提供、国際拠出金の支払い

2 資本移転等収支

対価を伴わない資本形成に係る固定資産の援助・提供、債務免除、知的所有権などの売却

3 金融収支

金融資産に係る居住者・非居住者間の債権・債務の移動を示す

- 1. 投資収支
  - ①直接投資（企業進出など）
  - ②証券投資（株式・社債など）
  - ③金融派生商品
  - ④その他投資（外貨預金など）
- 2. 外貨準備

4 誤差脱漏

3 国際収支統計から読み取れる日本の経済状況

　2022年は、資源・食料の輸入価格が上昇したため、輸入＞輸出となり、15兆7808億円の貿易収支赤字が発生しました。貿易収支赤字は東日本大震災後の2011〜15年以来で、2014年の10兆円を超える赤字記録です。一方で、金融収支は2010年代は約20兆円の黒字

であることから日本人が海外に企業進出し、株式投資を行って、海外資産を増やしていることがわかります（マネーは日本から流出）。これだけ見ると我が国の国内流通通貨量は減少し、不況が深刻化すると予測されます。

　しかし、海外投資の果実が流入し、第一次所得収支が約20兆円の黒字を近時に記録しています。2022年は、これが35兆3087億円に増えており、貿易収支赤字を補塡することになっていたのです。これで日本は救われたのです。簡単に言えば、貿易は不調だが、海外投資で稼げて助かったという状況なのです。

■ 令 和 4 年　　国 際 収 支 状 況（速 報）の 概 要

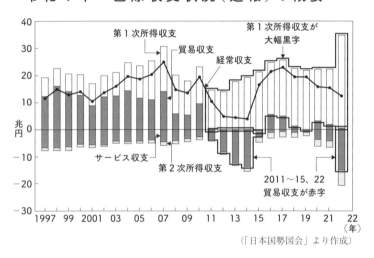

（「日本国勢図会」より作成）

テーマ 7 ｜ 自由貿易圏が世界に拡大

1 拡大する自由貿易圏

　近年、**世界では自由貿易協定を含む経済連携協定を結ぶ動きが拡大**しています。我が国は、経済連携協定を各国と結び、自由貿易の波に乗る積極的な政策を実施しています。そもそも、自由貿易がいいのか、保護貿易がいいのか、という議論があります。

　2017年に誕生した**アメリカのトランプ前政権**では、米中貿易戦争とも言われる競争激化の中で**アメリカ・ファースト（アメリカ第一主義）**と呼ばれる保護主義を鮮明にし、中国製品をアメリカ市場から締め出すため、関税の引き上げや輸入数量制限などを相次いで実施しました。

　輸入品に関税を課するということは、その輸入品を国内で買った際に購入者は税金も払わなければなりませんから、国内販売価格が輸入品本体価格＋関税（税金）となり、高くなります。こうして輸入品を国内で売れなくするという措置ですね。

　劣勢にある国内産業や雇用を守るためとはいえ、**保護主義は貿易を縮小させ、経済を収縮させるばかりか、戦争リスクを高めることにもなりかねません。**

　そこで、輸入数量制限や輸入品に対する関税引き下げで、自由貿易を拡大することは世界的に経済を活性化し、戦争リスクを軽減することもできますし、締約国間の経済協力を強化することもできるのです。

　そこで、自由貿易協定（FTA）の締結は世界の流れとなっています。経済連携協定（EPA）と呼ばれることも多いですね。経済

連携協定（EPA）は自由貿易協定（FTA）も含めた広い経済協力の枠組みを意味します。

　このような経済連携協定は本来二国間で結ばれていましたが、最近では一気に複数国で結んでしまう例が増えています。**二国間FTA**に対して、**メガFTA**などとも呼ばれています。

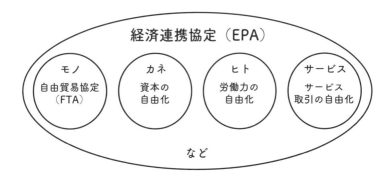

2　なぜ経済連携協定（EPA）が増加したのか

　戦後、自由貿易の交渉は1948年に発効した「関税および貿易に関する一般協定」（GATT）で行われてきましたが、1995年に常設化された「世界貿易機関」（WTO）に引き継がれています。GATT・WTOは現実主義に立って加盟国間の関税を引き下げることを目指しましたが、加盟国が150を超えて増加すると、利害対立により議決が成立しなくなりました。2001年から開かれていたWTOのドーハラウンドは難航し、機能不全に陥ってしまいました。

　そこでとりあえず利害が一致する二国間、または多国間で関税の引き下げなど自由貿易を含む経済連携協定を結ぶ動きが加速したのです。**世界貿易機関（WTO）の交渉停滞が経済連携協定（EPA）を加速させる**という結果になったのです。日本は2002年にシンガポールとの間で二国間の経済連携協定（EPA）を初めて発効させ、

締約国を増やしてきました。

2018年12月には**環太平洋経済連携協定（TPP11）**を、2019年2月には**日本・EU経済連携協定**を、2022年1月には**東アジア経済包括的経済連携協定（RCEP）**を発効させ、多国間の経済連携協定を一気に実現しています。

■ 日本の経済連携協定（EPA）の締結（発効）の状況

（発効）　　　　（相手国）

二国間EPAが中心

2002年11月　シンガポール　　←2007年9月改正議定書発効
2005年4月　メキシコ　　←2012年4月改正議定書発効
2006年7月　マレーシア
2007年9月　チリ
　　　　11月　タイ
2008年7月　インドネイシア
　　　　7月　ブルネイ
　　　　12月　ASEAN　　←2008年12月から順次発効
　　　　　　　（東南アジア諸国連合）
　　　　12月　フィリピン
2009年9月　スイス　　←ヨーロッパとは初！
　　　　10月　ベトナム
2011年8月　インド　　←当時世界人口2位
2012年3月　ペルー　　　　10億人を超える
2015年1月　オーストラリア
2016年6月　モンゴル

> この時点で日本がEPAを結んでいないのは日本の競争相手国・地域
> アメリカ、EU、中国、韓国など

多国間EPAが加速

2018年12月　環太平洋地域11ヵ国　←2018年3月12日TPPに署名。
　　　　　　　CPTPP（TPP11）　　アメリカは離脱して11ヵ国で
　　　　　　　欧州連合（EU）　　　発効
2019年2月　アメリカ　　←日米貿易協定・日米デジタル貿易
2020年1月　イギリス　　　協定
2021年1月　東アジア地域（RCEP）←中国・韓国も加入しているので、
2022年1月　　　　　　　　　　　　事実上、日中韓でも自由貿易化
　　　　　　　　　　　　　　　　　進むことに！

3 環太平洋経済連携協定とは何か

「**環太平洋経済連携協定**」（**TPP**）は、12カ国による長い協議の末、2015年10月にようやく大筋合意に達した世界最大の経済協定でした。しかし、アメリカのトランプ前大統領が2017年1月に就任直後に離脱を宣言したため、発効が大幅に遅れてしまいました。その後、アメリカを除く11カ国で協議を再開し、17年11月に従来の協定の一部を凍結した新しい協定「**包括的及び先進的なTPP**」（**CPTPP**）が大筋合意にいたり、2018年3月8日に署名、同年12月30日に発効しました。

もともとTPP（Trans-Pacific Partnership）の交渉は、2006年にシンガポール、ニュージーランド、チリ、ブルネイの4カ国で開始されました。その後、アメリカ、オーストラリア、ペルー、ベトナム、マレーシア、メキシコ、カナダが加わり、2013年には日本も参加して12カ国になりました。世界の人口の11％に当たる8億人が住み、国内総生産（GDP）の合計は世界の38％を占めるという巨大経済圏の形成を目指していたのです。

ところがアメリカのトランプ前大統領が離脱を表明したことで状況は一変、暗礁に乗り上げてしまいましたが、残る11カ国が交渉を継続し、2018年3月に署名、同年12月に発効に漕ぎ着けたのです。世界のGDPの約25％を占めるアメリカが離脱したため勢力は小さくなりましたが、それでも**人口5億人、世界の国内総生産（GDP）の14％**を占める巨大経済圏が形成されたのです。

2021年9月には、中国と台湾が正式にCPTPPに加盟を申請していますが、2023年5月現在、実現はしていません。

では、TPPの内容とは一体なんなのでしょうか。目的は、加盟国間における貿易の自由化を実現したいというものです。日本が加

■ CPTPP（TPP11）の加盟国

※アメリカは TPP12 の交渉に参加していたが、最終的には離脱
※2018 年 12 月に TPP11 が発効した。正式名称は「包括的及び先進的な環太平洋経済連携協定」
（CPTPP）

■ インド・太平洋地域の主な経済連携

※ IPEF とは「インド・太平洋経済枠組み」のこと。アメリカのバイデン大統領が提案し、
2022 年 5 月に立ち上げが発表された

盟国から寄せられた輸入品にかけている関税の対象品目のうち95％を撤廃し、加盟国が日本製品に化している関税である99～100％を撤廃する。ものすごく自由な貿易圏の形成を目指しています。

関税がなくなれば、輸入品を安く流入させられるから消費者にはメリットが多い。一方で、海外の安価な農作物などが大量に入ってくれば、農家など国内関連業界にとっては不利になります。

TPPに加入した場合の**メリット**をご紹介しましょう。

①工業製品の輸出が拡大

日本の基幹産業となる付加価値の高い工業製品（自動車、家電、パソコンなど）に課される関税が撤廃され、輸出が拡大します。

特に家電分野では、世界各国と積極的に自由貿易協定（FTA）を拡大している韓国のサムスン、LGなどが世界の売り上げトップになっている現状から見て、日本も積極的に自由貿易圏に参加しないと、世界の自由貿易に取り残されて"離れ小島になる"との危機感があります。

②輸入品が安くなる

関税が撤廃され、海外からの輸入品が関税分、安く輸入されます。

消費者にとっては食料品や外国製の服やバッグなどが値下がりし、メリットが期待されます。

③TPP加入国から資源輸入

TPP加入国から資源輸入され、企業・消費者の手元に関税なしに安く届きます。

資源消費国の日本にとって、TPP加入で資源の輸入相手国を獲得するメリットは大きいでしょう。

一方で、TPPに加入した場合の**デメリット**を忘れてはいけません。

①国内農業への打撃

安価な農作物が関税なしに輸入され、日本の国内農業が打撃を受けます。

食料自給率（現在37%←供給熱量ベース）がさらに低下する恐れがあります。

②遺伝子組み替え食品のルール変更

遺伝子組み替え食品の表示ルールが、TPP加入国の共通基準に設定されかねません。

日本人の食の安全が保証されず、アメリカの農作物（大豆、とうもろこしなど）の輸出拡大が優先される可能性があります。医薬品の許可ルールでも同様の問題が生じるかもしれません。

4 日本・EU経済連携協定とは何か

2019年2月1日、日本・欧州連合（EU）経済連携協定（EPA）が発効しました。どういった協定かというと、欧州から輸入するワインや衣類、食品の関税が随時撤廃されていきます。例えば、ナチュラルチーズに最大3.1トンの輸入枠が新設され、関税はこれまでの29.8%から、輸入枠内で16年目にゼロになります。チョコレート菓子の関税も11年目にゼロになる予定です。

食品以外では、衣類の関税が随時撤廃され、カバンや服等の関税は11年目にゼロとなる予定です。

日本からEUへの輸出では、しょうゆ、緑茶、牛肉、水産物、アルコール飲料の関税が随時撤廃され、主力である自動車の関税はこれまでの10%から段階的に撤廃され、8年目にゼロとなります。

日本の消費者にとっては、ワイン

やチーズなどEUからの製品を安く購入することができますし、日本企業にとっても欧州に輸出する工業製品などの販売価格が下がり、EU向けの輸出拡大・現地でのシェア拡大を期待することができます。

　日本とEU（イギリスを含む）を合わせた**人口は約6.4億人、国内総生産（GDP）は約32兆ドルと世界の約3割を占める**巨大な自由貿易経済圏が誕生しました。最終的に日本側が全輸入品の94%、EU側が99%の関税を撤廃する巨大な貿易自由圏になりました。

■ 日 米 合 意 の 主 な ポ イ ン ト

米国→日本	合意当時	関税	目標
牛肉	38.5%	関税段階的に →	2033年までに9.0%
豚肉	低価格帯で1キロ482円	段階的に →	50円
ワイン	15.0%または1リットル125円	7年 →	撤廃
コメ	米国産の輸入枠は導入せず（無関税枠は見送り） ※日本側はコメ農家を保護した！		

日本→米国			
自動車	追加関税は日本に発動しないと 首脳間で確認		
	関税撤廃は事実上の先送り、協議継続 ※乗用車についてTPPでは2.5%の関税を15年目から削減を開始し、25年目に撤廃することになっていたが日米間では協議継続となり、事実上見送りとなった。米国側は自動車産業を保護した		

5 日米貿易協定が発効

　日米貿易協定は、農作物や工業品の関税分野に特化した日米二国間の貿易協定であり、2020年1月1日に発効しました。米国のトランプ大統領（当時）は、多国間の貿易協定ではなく二国間の交渉で自国に有利な条件を引き出そうと、2017年1月の大統領就任直後に TPP12からの離脱を宣言し、貿易交渉を日米二国間で行ってきました。

　日本は市場開放について「TPP 水準」を限界とし、米国産の牛肉や豚肉、ワイン、チーズなどの農産物の関税を TPP 加盟国と同等にまで引き下げました。乗用車については TPP では2.5％の関税を15年目から削減を開始し、25年目に撤廃することになっていますが、日米間では協議継続となり、事実上、見送りとなって米国側の自動車産業を保護する格好となっています。しかし、CPTPP ほどではないものの、**貿易額ベースで日本側の84％、米国側の92％の関税が最終的に撤廃される**ことになり、日米間の貿易の拡大が期待されます。

6 東アジア地域包括的経済連携協定（RCEP）

　日本、中国、韓国と東南アジア諸国連合（ASEAN）10カ国、オセアニア地域のオーストラリア、ニュージーランドを加えた15カ国の巨大な経済圏が2022年1月に発効しました。

　交渉に加わっていたインドは中国との関係で不利になるとの懸念から、加入を見送りましたが、インドを除いても**人口は20億人超（世界の約30％）、GDP でも約30％を占める巨大な経済圏**です。

　交渉を進めた安倍政権は、CPTPP発効後、RCEPの締結に向けて、かなり力を注いでいました。いわゆる肝いりの経済圏なんです。我が国としては二国間の EPA がアジアのライバル国である中国、韓

国と結べておらず、CPTPP にも中国、韓国は加入していません。ですから、RCEP が発効すれば、日中韓の関税が大幅に引き下げられ、アジア地域での経済取引の拡大と成長が期待できるのです。

　ただ、懸念材料としては中国製品への関税引き下げで中国製品が日本市場に安価に大量に流入し、日本企業が競争に負ける可能性があります。

　しかし、ネガティブに考えるよりもポジティブに考えて、アジア地域全体の経済取引の拡大を促進した方が日本経済の活性化にもプラスになると判断したのです。そして何より、RCEP に日本が加入しないと、ASEAN 諸国などに対する中国の影響力がさらに高まり、アジアのリーダーの地位を中国に奪われかねないですよね。中国との関係でも、知的所有権の保護ルールや電子商取引の公正なルールを日本主導の下で作り、中国の暴走を抑止し、公正な監視下に置くことに意味があると考えたのでしょうね。

　日本の輸入については、農林水産品の関税撤廃率は CPTPP の約81％と比べて低い水準に止まっているものの、対 ASEAN、オーストラリア、ニュージーランドが約60％、対中国は約55％、韓国は約50％にも及んでいます。

　米、麦、牛肉・豚肉、乳製品、甘味資源作物の重要５品目は TPP11 と同じく関税引き下げ撤廃の対象から除外され、日本の国内農林水産物は、ある程度、守られています。しかし、鉱工業品については、品目数ベースで98.6％の関税が段階的に撤廃されますから、中国や韓国産の家電や機械類がより安く日本に流入することになりますね。

　また、**日本の輸出については、関税撤廃率は品目ベースで ASEAN、オーストラリア、ニュージーランドが86〜100％、中国が86％、韓国が83％となっています。**日本からの輸出拡大も期待されます。

いずれにしても経済連携協定（EPA）の拡大で自由貿易が進むと、地域内の自由競争が激化しますから、日本企業や農家には国際競争力を高める努力が求められることになります。

世界各国の格差はどう解決すべきか

1 南北問題と南南問題

1960年代には、地球の北半球に多い先進国と南半球に多い発展途上国の間の経済格差が問題となり、南北問題が国際的課題となりました。

1970年代になるとオイルショックをきっかけに産油途上国と非産油途上国の間の経済格差が拡大し、発展途上諸国相互間の格差問題である南南問題が深刻化していきます。

現実を見れば、発展途上諸国の間の経済状況は大きく異なります。

■ 南南問題

成長を遂げる 途上国・地域		成長に課題のある 途上国・地域
産油途上国 新興国←新興工業 経済地域 NIES	VS	後発発展途上国・地域（LCD） 最貧国

最近はアジア、アフリカ、中東、中南米などの途上国や新興国を "グローバル・サウス" と呼ぶ

グローバル・サウスとは、直訳すれば地球の南側、すなわち発展途上国を意味するが、最近では新興国を含めた途上国一般の総称として用いられている。地理的な意味にとどまらず、グローバル化から取り残された国々という政治的ニュアンスが込められている。グローバル・サウスの中心となるアジア・アフリカ途上国を中国・ロシアなどが経済援助を通じて陣営に取り込もうとする動きを示していることから、G7など西側陣営も対抗して、共通の価値観の下で協力関係を確立しようとしている。

成長しつつある新興国や中東の産油途上国と、成長に取り残された非産油途上国や後発発展途上国（LDC）、最貧国を、ひとくくりに同じ途上国として扱うことはできないでしょう。経済状況を考慮したきめ細やかな援助や協力・連携関係が必要となります。

2 持続可能な開発目標（SDGs）を達成するにはどうするか

2015年に採択された2030年までの目標が**持続可能な17の開発目標（SDGs）**です。これは20世紀末の2000年に、2015年までの目標として採択された**国連ミレニアム（世紀末）開発目標（MDGs）**を継承し、発展させたものです。第一目標の「貧困をなくそう」、第十目標の「他国との不平等をなくそう」を達成するために、先進国には途上国に対する積極的な開発援助が求められています。

先進国と発展途上国の間の格差が発生する大きな原因は、垂直的分業を特徴とする貿易構造にあります。途上国が先進国に輸出する非加工の一次産品（鉱産物や農産物）が安く買い叩かれる一方、先進が途上国に輸出する工業製品は高く設定されるという不平等な貿易構造です。

そこで、途上国の自立を支援するには、一次産品の価格を適正に引き上げ、**フェア・トレード（公正・公平な貿易）**を実現することが第一なのです。

それに、国際的には援助国は**政府開発援助（ODA）を自国の国内総所得（GNI）の0.7％行うという目標**が設定されています。我が国はGNIの0.2〜0.3％程度の援助にとどまっており、ODA額の増額が求められています。

ただ、ODAは、援助額を増やせば良いというものではありません。無条件に援助し、贈与することになると途上国の自立意欲を低下させてしまう恐れがあります。そこで我が国は贈与よりも貸与という

■ 持続可能な開発目標（SDGs）ロードマップ

2000〜15 年	2015〜30 年
MDGs	**SDGs**
国連ミレニアム開発目標	持続可能な開発目標
─ 8目標 ─	─ 17目標（169ターゲット）─

2000〜15 年

MDGs

国連ミレニアム開発目標

── 8目標 ──

①極度の貧困と飢餓の撲滅
②初等教育の完全普及の達成
③ジェンダー平等推進と
　女性の地位向上
④乳幼児死亡率の削減
⑤妊産婦の健康の改善
⑥エイズ、マラリアその他疫病の
　まん延防止
⑦環境の持続可能性の確保
⑧開発のためのグローバルな
　パートナーシップ推進

2015〜30 年

SDGs

持続可能な開発目標

── 17目標（169ターゲット）──

①貧困をなくそう
②飢餓をゼロに
③すべての人に健康と福祉を
④質の高い教育をみんなに
⑤ジェンダー平等を実現しよう
⑥安全な水とトイレを世界中に
⑦エネルギーをみんなに、
　そしてクリーンに
⑧働きがいも経済成長も
⑨産業と技術革新の基盤をつくろう
⑩人や国の不平等をなくそう
⑪住み続けられるまちづくり
⑫つくる責任・つかう責任
⑬気候変動に具体的対策を
⑭海の豊かさを守ろう
⑮陸の豊かさを守ろう
⑯平和と公正をすべての人に
⑰パートナーシップで目標を
　達成しよう

形を採ることが多く、その理由として自立支援・重視を掲げています。

　2015年にODA大綱が「**開発援助大綱**」から「**開発協力大綱**」に改められたのも、このようなODAの理念の変化を示したものなのです。

　かつて日本のODAには、紐付き援助（タイド・ローン）が多く、質が悪いと批判されてきました。しかし、現在は、かなり改善され、2010年代はじめには紐付きではない援助（アンタイド）比率が90%程度となっています。

日本のODAの特徴といえば、下記の点が挙げられます。

①ODA額は世界5位以内（2020年は世界5位、2021年は3位）

②贈与比率は約40％と低い（DAC平均は80％台半ば）

※DACは開発援助委員会（援助国である主要先進国の集まり）

③かつては、紐付つき援助（タイド・ローン）が多く、質が悪いと批判されたが、現在はかなり改善されている

■ 経済協力の具体例 政府開発援助（ＯＤＡ）の内容

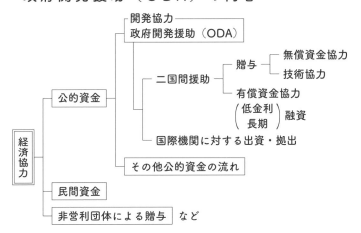

3 我が国の援助・協力に求められる視点

援助・協力が軍事政権や独裁政権を支えることになってはいけません。**援助相手国の民主化の度合いや平和実現の度合いを考慮しなければなりません。**

援助・協力が日本の国益に資することも重要です。国民の血税を使うわけですから、財政民主化の視点からも国民の利益になることが大切です。

途上国に対しては、人間の安全保障の観点から**ベーシック・ヒュー**

マン・ニーズ（BHN）を重視する質の高い援助が求められます。資金の援助のみならず、技術協力などの人的貢献を行い、**自立支援**を行うことも大切でしょうね。

　また、日本のODAはアジア偏重と言われています。アフリカ地域には最貧国が最も多く存在しているので、地理的な偏りも是正していく必要があるでしょう。アフリカ諸国には中国が経済援助を増やしており、その結果、資源利権が収奪されるという状況も見られます。日本もそれに負けない対応をとる必要がありますね。

■ 主要援助国のＯＤＡ実績の推移

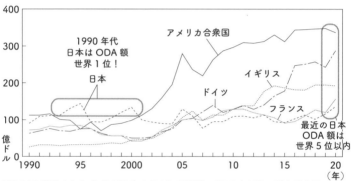

※OECD資料より作成（2022年2月17日閲覧）。2018年以降は贈与相当額ベース

■ DAC加盟国のODA実績 （単位 100万ドル）

国際目標は対 GNI 比 0.7%

	2017	2018	2019	2020	2021 （暫定値）	対 GNI 比 （%）
アメリカ合衆国	34,732	33,787	32,981	35,396	41,872	*0.18*
ドイツ…………	25,005	25,670	24,122	29,320	31,491	*0.72*
フランス………	11,331	12,840	11,984	16,013	16,700	*0.56*
イギリス………	18,103	19,462	19,354	19,253	16,379	*0.52*
日本…………	11,462	10,064	11,720	13,660	15,750	*0.31*
カナダ…………	4,305	4,641	4,535	4,871	6,226	*0.32*
イタリア………	5,858	5,098	4,298	4,396	6,119	*0.29*
スウェーデン…	5,563	6,000	5,205	6,348	5,927	*0.92*
オランダ………	4,958	5,617	5,292	5,359	5,288	*0.52*
ノルウェー……	4,125	4,258	4,298	4,196	4,637	*0.93*
DAC 加盟国計×	147,168	150,057	146,520	162,586	177,637	*0.33*

（ 日本 ） ODA の GNI 比は 0.3% と低い

※OECD 資料より作成。純額ベース。卒業国向け援助を除く。2018 年以降の実績額
　は GE 方式

社会
（世界の未来・日本の未来）

AI、IoT、ビッグデータで世界は目覚ましい変化を遂げる一方、地球環境は刻々と破壊されています。人類の生存や生活にかかわる社会的課題を検証していきましょう。

▶キーワード

◉第4次産業革命

＝P105, 109

人工知能(AI)、ロボット、モノのインターネット(IoT)、ビッグ
データなどの発達により付加価値性の高い超スマート社会への
変革が進む最近の劇的なイノベーションを示す。

第1次産業革命(18世紀末〜)は水力や蒸気機関による工場の機
械化。第2次産業革命(20世紀初め)は分業化や電力による大量生
産体制への変革。第3次産業革命(1970年代〜)は電子工学や情
報技術を用いたオートメーション化。

◉ソサエティ5.0

＝P105, 109

サイバー空間とフィジカル空間を融合させたシステムにより、
経済発展と社会的諸課題の解決をめざす人間中心の社会。

ソサエティ1.0は狩猟社会、ソサエティ2.0は農耕社会、ソサエ
ティ3.0は工業社会、ソサエティ4.0は情報社会。

◉ChatGPT(チャットGPT)

＝P111, 112

生成AI(人工知能)がユーザーである人の質問に対して自然な対
話で回答を生み出すサービス。音声・文章・画像を生み出すこと
もできる。

アメリカの新興企業オープンAIがiPhone用アプリを開発し、日
本を含む30カ国以上でサービス開始を発表(2023年5月)。

日本政府(岸田内閣)は、積極的活用の方針を示したが、不正確な
回答、偏見・差別的な回答、人の倫理が及ぶ医療分野や法律分野
での活用上の問題点、プライバシー侵害のリスク、人の知能労働
を奪い、雇用に深刻な影響が及ぶ危険性など、多くの問題点も指
摘されている。

◉少子・高齢化

=P114, 116, 119, 121

出生数が減って子どもの数が減少すると同時に、高齢者の数が増える現象。

総人口に占める年少人口(0～14歳)の比率が低下するとともに、老年人口(65歳以上)の比率が高まる状況が、日本では急速に進んでいる。

◉人口ボーナスと人口オーナス

=P119

人口ボーナスとは、人口増加によって経済や社会にプラスの影響が及ぶこと。

人口オーナスとは、人口減少によって経済や社会にマイナスの影響が及ぶこと。

◉合計特殊出生率

=P116

女性が一生の内(統計上、15～49歳の間)に産む子供の平均人数。

2.07を下回ると人口は減少すると言われているが、我が国は2020年代に入り、1.3程度にとどまっており、完全な人口減少型にある。

◉異次元の少子化対策

=P116, 118, 121

2023年に岸田内閣が掲げた大胆かつ技本的な少子化対策のキャッチフレーズ。

2023年5月に示された骨子では、中学生まで支給されていた児童手当 (月1万円)を高校生(18歳)までに延長すること、第3子以

降の支給額を倍増して月3万円に増額すること、支給には所得制限を設けないことなどが挙げられている。

◉年金制度
＝P119, 121, 122
年金保険料を一定期間支払った者が、一定の年齢に達した場合、老後の生活資金として一定の金額を一生涯、給付されるという社会保険制度のこと。国が実施する制度を公的年金という。

◉基礎年金
＝P119, 121, 122
全国民が20歳になると強制加入となる国民年金のことを、一般に基礎年金と呼んでいる。
20〜60歳になるまで保険料を支払い、65歳になると年金を受け取ることができる。
なお、年金受給資格は保険料支払が10年以上必要であり、支払年数によって年金支給額は減額される。年金支給は原則65歳からであるが、本人の希望により遅らせることができ、遅らせれば遅らせるほど、年間の年金受給額は増額される。

◉二階建て年金制度
＝P120, 124
国民年金（いわゆる基礎年金）が年金の一階部分であり、民間被用者や公務員は、さらに厚生年金にも加入して保険料を納めるため、厚生年金の給付も付加される二階部分が存在する。これを二階建て年金と呼ぶ。

●京都議定書

＝P129, 132

気候変動枠組み条約（地球温暖化防止条約）の第3回締約国会議
（COP3）が1997年に京都で開催され、そこで採択された議定書。
温室効果ガスの排出削減数値目標が先進国のみに課されたが、
中国、インドを含む発展途上国には課されなかった。先進国には
1990年比で平均5.0～5.2%程度を2008～12年末までに達成す
ることが義務づけられた。

●パリ協定

＝P129, 131, 132

気候変動枠組み条約第21回締約国会議（COP21）が2015年にパ
リで開催され、そこで採択された枠組み。
2020年以降の新しい枠組みであるが、すべての加盟国の削減数
値目標は撤廃され、気温上昇を産業革命前と比べて2℃未満（で
きれば1.5℃未満）に抑えるという長期目標が示された。具体的
対策は各国に委ねられ、一定期間ごとに報告することが義務づ
けられた。

激変する世界に日本はどう対応すべきか

1 AI、IoT、ビッグデータで世界は激変

　2022年の日本は国内総生産（GDP）で世界第3位ですが、2050年には世界第7〜8位程度か、それ以下に後退すると予測されています。今後、少子高齢化や人口減少が進む我が国が成長の度合いから見て、世界のトップに君臨し続けることはかなり難しい話です。人口減少が進む日本が目指すべきは**一人当たり国民総所得（GNI）を維持し、一人一人の豊かさを確保する**ことではないでしょうか。

　かつては、**日本は一人あたりGDP（一人あたり国内総生産）も世界のトップ5に入る豊かな国でした**が、2021年には27位に転落してしまいました。先進諸国の中でも並の国、むしろ遅れた国ですね。

　高齢化が進み、生産年齢人口が減る日本で、多くの高齢者を扶養し、かつ、一人一人が豊かさを享受するには、労働者一人あたりの生産性を相当引き上げる以外にありません。そのためには、**技術革新（イノベーション）を積極的に進めること**が絶対条件です。イノベーションを起こす環境を整備することが、政治に求められています。そのためには、世界で進むイノベーションに乗り遅れることなく、むしろ日本がトップランナーになることが必要です。最近では、政治面でもスタートアップ企業支援がテーマになっています。

　現在、AI（人工知能）の開発、ビッグデータの処理技術のアップデート、モノとインターネットが融合した付加価値性の高いサービ

スが提供され、IoT 化が加速しています。これによって、経済も私たちの生活も大きく変化しています。自動車の無人運転システムの確立や空飛ぶ自動車も現実のモノとなっています。我が国は、世界トップの自動車大国ですから、この分野では是非とも世界を牽引しなければならないでしょう。

　今、中国ではデジタル社会の構築が国をあげて進められています。顔認証システムも進み、例えば、コンビニ支払いは顔認証でデジタル決済化する店舗が増えています。

　厳格なゼロコロナ政策下では、毎日のように PCR 検査などが実施、アプリで徹底管理され、ショッピングモールやビル・マンション入室の際には、陰性証明をアプリで示すことが求められました。

　食事の配膳をロボットが行う飲食店が増えるなど、都市部では日本を超えるデジタル化が進んでいるようです。

　国民のプライバシーが軽視される管理社会だから、一気に進んだという皮肉な面もあるような気もしますが。

2　第4次産業革命でソサエティ5.0を実現

　日本政府の中長期的経済財政政策としては、毎年、経済財政諮問会議の提言をうけ、「**骨太の方針**」が発表されています。2017〜18年には未来投資戦略と名付けて、**第4次産業革命**により、**ソサエティ5.0**の実現を目指すことが策定されました。2019年以降は当時アベノミクスで掲げられていた成長戦略という名称を用いて、成長戦略実行計画などを策定しています。

　政府は**ソサエティ5.0**とは、「**サイバー空間とフィジカル空間を融合させたシステムにより、経済発展と社会的諸課題の解決を両立する人間中心の社会**」と説明しています。非常にわかりにくい説明で

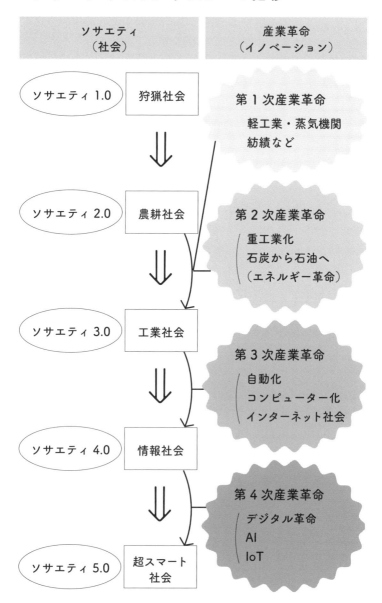

■ ソサエティ1.0から5.0への推移

ソサエティ（社会）	産業革命（イノベーション）

ソサエティ1.0 — 狩猟社会

第1次産業革命
軽工業・蒸気機関
紡績など

ソサエティ2.0 — 農耕社会

第2次産業革命
重工業化
石炭から石油へ
（エネルギー革命）

ソサエティ3.0 — 工業社会

第3次産業革命
自動化
コンピューター化
インターネット社会

ソサエティ4.0 — 情報社会

第4次産業革命
デジタル革命
AI
IoT

ソサエティ5.0 — 超スマート社会

すが、AI（人工知能）やビッグデータ処理などを駆使してデジタル的な仮想空間で分析・予測・解決方法を探り、現実空間で起こっているさまざまな問題を解決すると共に未来の経済発展に繋げようという考え方を示しています。

　例えば、環境問題を解決してクリーンな再生可能エネルギーに基づく**スマート社会**の実現は、その典型例ですね。インターネットを利用して、再生可能エネルギーの需給を効率的に一致させる社会。自宅で行った太陽光発電の電力をインターネットを活用して売買し、その販売代金をチャージし、自分の電気自動車に給電するなど、脱炭素社会を実現するという現実の課題をインターネットを利用して解決していくことが目指されています。

　医療、介護の質もインターネット、AI、ロボットの利用で劇的に変化するでしょう。遠隔診療やダビンチを使ったスーパードクターによる遠隔手術も可能です。ロボットによる介護など、人手不足をロボットが補うこともありますよね。ロボットがAIを備えれば、人間が直接操作する必要もないですし。

　企業の経営やマーケティングも大きく変わるでしょう。AIを使ったビッグデータ処理を行えば、消費者のニーズに合わせた適切な商品供給が可能になりますし、商品の無駄を防ぐこともできます。

　自動車の無人運転システムも、**第5世代移動通信システム**（**5G**＝5th Generation）が確立され、高速・大容量・多接続の通信システムができれば実現は一気に近づきます。

　情報収集や安全保障のあり方も大きく変化します。世界中の情報をビッグデータ処理して入手・分析できますし、ドローンの普及で武器も変化し、軍事戦略や戦術もAIが最適な方法提示する時代がきています。

3 政府が提出した「統合イノベーション戦略2022」

　岸田首相が重視する**新しい資本主義**は「**成長**」と「**分配**」に好循環を与える**科学技術・イノベーション**をアピールしています。産学官の連携強化とイノベーション推進のための資金循環の活性化や研究開発投資の拡大。そしてスタートアップ企業への長期投資を促進するため、エンジェル投資家等の個人資産、年金資金、過去最高を更新する企業が内部留保している資金導入の流れを作るなどの、総花的・抽象的目標を掲げています。

　研究開発を行う企業や大学、研究施設への補助金支給なのか、減税措置なのか、具体的な政策があまり見えませんね。国内投資をした企業や投資家へどのような基準でどの程度のインセンティブを与えるかなど、具体的・現実的な対策が大切ですよね。

　また、「**量子技術イノベーション戦略**」と称して産学官一体の「量子技術イノベーション拠点」が創設されました。量子技術による生産額を50兆円規模に、量子技術利用者を1000万人に、量子技術を利用した新産業・スタートアップ企業の創設、未来市場を切り開く量子ユニコーンベンチャー企業創設などを謳った「量子未来社会ビジョン」を策定しました。

　その他、岸田首相が掲げる「**デジタル田園都市構想**」の推進なども示されていますが、政府の基本方針を官僚たちが格好良く作文したものにすぎません。国民にわかりやすく、長期的な提言があるといいのですが。

　デジタル化が進めば、地方に住みながら在宅勤務、テレワークが可能になるのは理屈ではわかるのですが、どう地方を活性化するのかは、なかなか見通しにくいですよね。
「デジタルツインの構築」「データ連携プラットホームの構築」「包

括的データ戦略」など、次々と抽象的な言葉を濫発し、国民と距離が離れてきているのは気がかりです。政府の政策提言は、国民へのわかりやすい説明責任として行われるべきだと思うのですが。

4 日本の近未来はどう変化するのか

　第4次産業革命は着実に進み、**ソサエティ5.0**は間違いなく確立されていくでしょう。どのような社会ができるかは、民間の力が大きいといえます。我が国の民間企業は人口が減少して先細りする国内市場よりも人口が増加する新興国を中心に海外市場への販路を拡大する戦略をとるはずです。

　そのためには**世界との技術開発競争に勝ち、その特許権を獲得することで、その収益を稼ぐことが必要です**。少ない労働者で生産量を増やすことは困難ですから、技術を開発して技術利用料で稼ぎ、肉体を使わずに利益を上げるためには、知的所有権を多く所有することが不可欠なのです。

　日本でいえば、iPS細胞などの再生医療は世界トップクラスですから、医療イノベーションを進めることもできるでしょうし、無人運転システム、水素自動車の実用化、クリーンな再生可能エネルギー技術の開発・促進など持続可能な開発目標（SDGs）の達成に役立つイノベーションの促進も重要になるでしょう。

　空飛ぶ自動車や空飛ぶタクシーも夢の世界ではありません。

　2025年に日本で開かれる**国際博覧会（万博）**は、日本のみならず世界企業が進める新技術の博覧会になるでしょう。世界技術は劇的に革新を遂げ、進歩しています。世界経済も日本経済も私たちの生活も大きく変化することになるでしょう。その意味で、**第4次産業革命の下で開かれる万博は、今後の近未来を占う上で大注目ですね**。

■ ソサエティ5.0でどう変わる？

従来の社会 ──→ ソサエティ5.0

従来の社会	ソサエティ5.0
知識・情報の共有、連携が不十分	IoTで全てのヒトとモノがつながって、新たな付加価値が生まれる社会
必要な情報の採取・分析が重荷になり、リテラシー（活用能力）をもつヒトの力が必要	AIにより、必要な情報が必要な時に提供される社会（ビッグデータの分析もAIが負担）
労働や行動範囲が年齢や障がいによって制限される	ロボットや自動運転車などの技術でヒトの可能性が広がる社会
地域の課題や高齢者のニーズに十分に対応できない	イノベーションにより様々なニーズに対応できる社会（IoTの拡大）

解決すべき社会的諸課題
・温室効果ガスの排出削減
・食料の増産やフードロスの削減
・社会コストの抑制
・持続可能な産業の育成
・富の再分配や地域間の格差是正　　　など

以上のように、ソサエティ5.0で、私たちの生活は劇的に改善することになります。

その一方で、**AIの発達でヒトの労働が不要になり、雇用が失われるのではないかとの指摘**があります。

無人運転システムでタクシー運転手がいらなくなる、バスや電車の運転手がいらなくなる、ドローンによる宅配によって配達員がいらなくなる、ロボット化で工場労働者がいらなくなるなど、単純・肉体労働の雇用が失われるとの指摘がありますよね。また、コンビニが無人システムになり、レストランの配膳をロボットが行い、ホテルのサービスをロボットが行っている場所を見かけるようにもなりました。今まで人間が行うと思われてきた頭脳労働もAIが代替するかもしれません。銀行や証券会社がAIを導入して人員削減をするという話も出ています。

また、「ChatGPT（チャットGPT）」のように人工知能（AI）を使って対話し、質問に対する回答が示されることになると、**知的労働の分野や文書作成の分野までヒトの労働が奪われる危険性**があり、AIがヒトの雇用を奪うという懸念が、より強く指摘されています。今後は、**AIやロボットがヒトの行えない部分を負担し、ヒトと共生する社会を目指すこと**が必要となるでしょう。ヒトの生活を守り、生活の質を向上するための活用という社会的コンセンサスを確立する時代がきているのではないでしょうか。

AIやロボットを活用する社会では、ヒトの生活を守るために一定額の**基礎所得（ベーシック・インカム）**を国が全国民に保障すべきという主張も強くなっていくでしょうね。

■ ChatGPT（チャット GPT）の役割と問題点

生成 AI（人工知能）がユーザーである人の質問に対して自然な対話で回答を示すサービス。
アメリカの新興企業のオープン AI が iPhone 用アプリを開発し、日本を含む 30 ヵ国以上の国々でサービス開始を発表した。今後、開発競争の激化が予想される。

役割

・人の疑問に対して生成 AI が回答し、問題点や課題の最適な解決方法を提示してくれる
・従来、人が行ってきた文章作成や映像・画像の作成も担ってくれる
・人間しかできないと思われてきた頭脳労働を AI が代替してくれる
・AI により、迅速な事務処理アドバイスが可能に。投資アドバイス、経営アドバイス、教育、学問研究、法律アドバイス、医療診断やアドバイスなど高度な専門的判断も AI が提供してくれる
・人材不足を補ったり、人の判断ミスを減らすことに役立つ

問題点

人の頭脳労働を奪い雇用を喪失させる可能性（人の生活を奪う）	偏見や差別的判断・人の倫理を無視する判断が示される可能性
あらゆる情報が保有され、個人のプライバシー情報が悪用される危険性	フェイク情報が作成され、人がそれを見抜くことが困難な事態に陥る危険性 ex）世論操作や消費者被害が発生

⇓

各国の対応

・日本政府（岸田内閣、2023 年 5 月時点）
　過度な規制を避け、政府としても活用の方針
　ただし、「AI 戦略会議」が示したリスクを防ぐガードレールの整備を検討
・アメリカ
　AI に対しても消費者の保護、偏見・差別の防止、公正な競争と雇用を守る方針
・イギリス
　生成 AI ビジネスについて消費者保護や公正競争を確保し、リスクを回避するルールを検討
・中国
　AI が生成する情報内容について共産党の価値観と一致することを義務づける方針

西側の各国は生成 AI によるフェイク情報による世論操作や消費者被害の防止に配慮しています。

　EU 諸国では雇用などにも配慮し、規制を強化する意見も強くあります。

　ヒトの雇用を奪うという点については、専門家会議では、AI に学習させるコンテンツを提供する仕事など新たな雇用を生み出すという意見が出されていますが、AI の専門家には雇用機会が増えても、一般庶民の雇用は頭脳労働を中心に大きく失われる可能性は否定できません。

　生成 AI とヒトの共生を図るためのガイドラインや規制を透明性をもって検討する必要がありますね。

　中国は、生成 AI が民主主義的・自由主義的価値観をもつことに強い警戒感を示していますが、共産党の価値観を広げる手段に悪用される懸念がありますよね。

少子・高齢化で
日本の未来はどうなるのか

1 日本の人口は減少し、少子・高齢化が加速

　日本の総人口は2008年の1億2808万人をピークに減少に転じています。2020年に1億2615万人、2021年には1億2550万人となりました。**今後、日本の人口は減少を続け、2053年には1億人を下回り、2065年には8808万人になると予想されています**（2015年の国立社会保障・人口問題研究所の「日本の将来推計人口」より）。

　日本の人口は今後の約45年間で、現在の人口の3分の1に当たる**約4000万人が消え、3分の2になってしまうのです。**

　老年人口比率（65歳以上の人口の比率）も2022年の29.1％から**2065年には38.4％**（中位推計）に上昇し、約40％が高齢者になり、

■ 人口の推移

	2020年	2065年推計 （数値は近似値）
老年人口比率 （65歳以上）	29％	38％
年少人口比率 （0〜14歳）	12％	10％
総人口	1億2500万人	8800万人

0〜14歳の**年少人口比率**は2022年の約12％から2065年には**10％程度**になってしまいます。

　0〜14歳の子供が約１割、65歳以上の高齢者が約４割という、歪な人口構成になってしまうんですね。

２ 日本は世界一の高齢社会

　日本は2023年現在、世界一の高齢社会です。すでに**老年人口比率（65歳以上の人口比率）は29.1％に達しており**、とりわけ75歳以上の後期高齢者の比率が14％を超えている超高齢社会に入っているのです。老人が老人を介護するという老老介護が社会問題化しているのは当然です。

　2065年には老人が約４割、年少者が約１割となりますから、**５割を占める15〜64歳の生産年齢人口が５割の老人と子供の面倒を見るという社会が到来する**のです。つまり、１人の生産年齢人口が１人を扶養するという社会になってしまいます。

　現役の労働者の租税や社会保険料の負担は極めて重くなりますから、可処分所得が減り、消費が低迷することが予想されます。高齢化する国の経済は低迷するという負の連鎖に陥る可能性が高いでしょうね。人口とは、消費人口であるばかりか、生産人口でもありますから、消費量も生産量も減ってしまいます。

　もし、生産年齢人口を維持しようと思ったら、外国人を受け入れて、人口減少を補塡する必要があるという提案が出るのも、当然のことなのです。それを移民政策と呼ぶか否かは別として、**外国人労働者の受け入れを規制緩和する出入国管理法が2019年に改正施行**されたのは、そのような観点に立った政策だと見ることができます。（詳しくは後述P121）

3 少子化が加速すると高齢化が進む

　出生数が減って**少子化が進めば**、高齢者の人口割合（老年人口比率）が上がり、**高齢化が進みます**。少子化と高齢化は表裏一体の関係にあります。

　日本では、1955〜70年の高度経済成長に伴う都市化の進行の中、都市部に人が集まり、単独世帯（独身者）や核家族（一組の夫婦ないし、その子供で構成する家族）が増加しました。また女性の高学歴化や社会進出で晩婚化が進む中、1990年代以降は長期的な不況が続き、若年者層の所得が伸びず、子供を産みにくい社会環境が作られてしまいました。

　日本の**合計特殊出生率**（女性が15〜49歳の間に産む子供の平均人数）が低下し、**2005年には1.26と最低**を更新しました。これは人口置換数（人口を維持するために必要な数）の2.07を大きく下回る数値です。

　明らかに出生数が減って、子供が減り、人口は減少する状況に陥っています。その後、2016年には、合計特殊出生率は1.44にまで回復しましたが、以後は低下傾向を示して2021年には1.30にまで低下しました。

　特に2020年以降の新型コロナウイルスの感染拡大により、出生数が激減し、**2022年の出生数は、初めて80万人を割り込んで77万人台、合計特殊出生率も1.26と過去最低に並び、少子化と人口減少は予想を超えて加速**してしまいました。

　終戦直後の1947〜49年、いわゆる第一次ベビーブームの時には年間270万人が生まれていましたから、出生数は3分の1に減ってしまいました。

　このままいくと、少子・高齢化・人口減少は予測を上回って進行する可能性が高まっています。

■ 我が国の高齢化の推移と将来推計

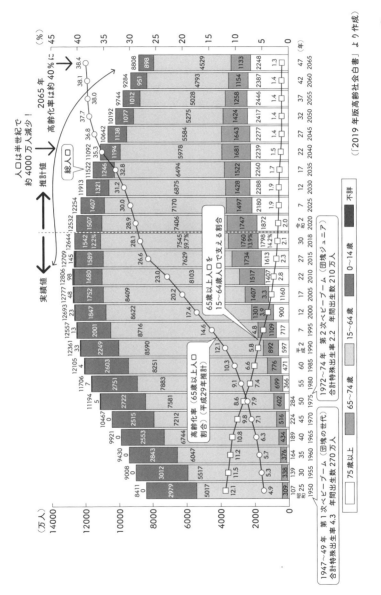

（「2019年版高齢社会白書」より作成）

こうした危機感の中で、2023年には岸田首相が「**異次元の少子化対策**」を提言したんですね。

■ 岸田内閣が掲げる「異次元の少子化対策」とは？（2023年5月提案）

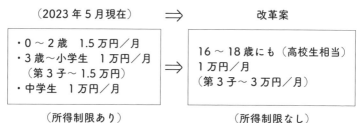

児童手当の増額・延長

（2023年5月現在）　⟹　改革案

・0～2歳　1.5万円／月
・3歳～小学生　1万円／月
　（第3子～1.5万円）
・中学生　1万円／月

⟹　16～18歳にも（高校生相当）
1万円／月
（第3子～3万円／月）

（所得制限あり）　　　　（所得制限なし）

岸田内閣は、2023年5月現在、**中学生**まで支給されている児童手当を延長して、**高校生相当の18歳まで原則1万円を毎月支給する。**

子どもが3人目以降（第3子以降）は現在の月1.5万円を倍増して3万円とする方針を示しました。

また、受給資格については世帯の**所得制限を撤廃する方針**で、新たに約3兆円台半ばの財源が必要になる見込みです。

一見、子育て支援に見えますが、岸田内閣は、この案を発表した後に、その代わりに世帯主の所得税徴収の際、子ども1人あたり38万円が課税所得から控除される「扶養控除」は廃止する方針であることも伝えられました。大きな反発を招いていますね。

子ども1人で年間12万円の児童手当を受け取れたとしても「扶養控除」がなくなれば、年収によっては損をする世帯もあることから、子育て支援にならないとの反発も出るでしょう。今後、政府は世論の動きによっては見直しを迫られる可能性もあります。

そして何よりも、**財源をどこに求めるか**が大問題です。

仮に3兆円台半ばの財源を消費税増税でまかなうとすれば率を1.5〜2％引き上げなければならない計算となります。

増税は選挙に不利と考えれば、岸田首相が言うように「増税は考えていません」という発言になるのでしょう。

では、どうやって財源を調達するのかが問題となります。

当面、2026年度までは、「**子ども特例債**」を発行して調達する方針ですが、結局、赤字国債（国の借入金）の発行と同じことですよね。これって、将来の国民が返済する時に支払う税金の前取りにすぎませんから、岸田首相の発言は、「今は増税は考えていません」という意味だと言えるのです。

建前上は、返済の財源を示した上で借金する、いわゆる「**つなぎ国債**」であり、将来の増税ではないとする自民党幹部の説明もありますが、だとすると、いったい財源は何になるのでしょうか。残る選択肢は、社会保険料の増額となる可能性がありますね。とすると、結局、子育て世代も負担増大となる訳ですから、矛盾も生じてしまいますね。

いずれにしても、財源問題は大きな課題になることは避けられません。結局「つなぎ国債」と言いつつ、「赤字国債」でまかなうとなれば財政破綻がさらに近づいてしまいます。（P64参照）

4 少子・高齢化する日本の未来はどうなるのか

①経済が停滞

少子、高齢化、人口減少すると残念ながら経済の活力は失われて停滞し、さまざまなマイナスの問題が生じます。この歪みを**人口オーナス**と呼びます。

生産年齢人口（15〜64歳）が減少して労働者不足が続き、生産が

減退していきます。人口減少で消費人口も減りますから、景気は悪化して、経済成長率もマイナスに陥る可能性があります。多くの高齢者を社会的に扶養する必要があるので、税金や社会保険料が値上がりし、可処分所得が減少します。するとさらに消費が減少してしまうでしょう。

②地方の都市が消滅する？

　地方の高齢化が深刻化し、過疎地で限界集落も多く生じています。今後は、地方都市が自治体機能を維持できず、消滅する都市が続発する可能性もあります。

　特に農業就業者の高齢化も著しく、農業が衰退する可能性があります。耕作放棄地が増え、人が住んでいない廃墟の増加も心配されます。

　都市機能を一定の地域に集めて居住地域を集約するコンパクトシティの創設や農業経営の法人化、耕作放棄地の国・地方による買取、賃貸、売却仲介なども必要となるでしょう。

③年金制度が破綻する？

　一番の心配は、年金制度は破綻しないのか、本当に年金はもらえるのか、という点ですよね。

　全国民が加入する国民年金、いわゆる基礎年金は、20歳から60歳になるまで年金保険料を支払う義務があり、年金の受給は原則65歳からとなります。民間被用者と公務員については、さらに厚生年金に加入し、国民年金に加えて厚生年金も受給できる二階建て年金制度となっています。

　しかし、少子・高齢化の進行で、年金の受給者が増える一方、保険料支払者が減るため、国民年金も厚生年金も財源が厳しくなることが予想されます。

5 高齢化を防ぐにはどうすればいいのか

　高齢者の割合を低下させるには、**少子化対策を行い、出生数を増やすという長期的な人口増加策**を取ることが必要です。

　岸田内閣は、**異次元の少子化対策**として出産補助金の増額、子育て世帯への給付金の増額など子育て予算の倍増などを行おうとしています。

　待機児童ゼロ作戦として、保育所・認定こども園の増加などは従来から行われてきましたが、必ずしも成果をあげていません。子育て支援の地域協力ネットワークや働ける高齢者などのマンパワーの子育てへの活用を進め、その仲介を国や自治体が民間との協力のもとに行うことが必要になるでしょう。育児・介護休業や所得補償などの雇用環境を整備することはもとより、非正規雇用労働の所得水準の引き上げや、子育てのできる生活水準を確保する長期的所得向上策を講じる必要もあります。

　日本人の出生数が増えない場合、**最終手段としては外国人の受け入れという方法**もあります。移民政策の導入については、国民の中にはさまざまな反対論があるでしょうが、**2019年に施行された改正出入国管理法**は、前述したように、人手不足の特定業種については、ある程度の日本語が使え、一定の技能があれば、単純な肉体労働でも**特定技能1号**資格を認めて、入国を認めることになりました。さらに高度な技能ありとして**特定技能2号**資格を取得した外国人労働者は、事実上、本人が望めば日本に永住することが可能となり、その際には家族の帯同も認めることになりました。法律は施行されましたから、今後国は法を運用する行政政策によって、外国人労働者やその家族の日本入国を政策的に増やすことも可能となっています。なお、2023年6月9日に入管法改正案が、参議院本会議で可決・成立し、話題となっています。

■ 将来推計人口 （中位推計）

	総人口 （千人）	人口動態 （人口千あたり 人）		年齢別人口 （%）		
		出生率	死亡率	0〜14歳	15〜64歳	65歳以上
2015	127 095	8.0	10.3	*12.5	*60.8	*26.6
2020	125 325	7.2	11.3	12.0	59.1	28.9
2025	122 544	6.9	12.4	11.5	58.5	30.0
2030	119 125	6.9	13.5	11.1	57.7	31.2
2035	115 216	6.8	14.4	10.8	56.4	32.8
2040	110 919	6.7	15.1	10.8	53.9	35.3
2050	101 923	6.4	15.7	10.6	51.8	37.7
2060	92 840	6.3	16.8	10.2	51.6	38.1
2065	88 077	6.3	17.7	10.2	51.4	38.4

国立社会保障・人口問題研究所「日本の将来推計人口」（2015年推計）により作成。中位推計値。人口は各年10月1日現在。人口動態の2015年は日本における日本人の調査で、20年以降は日本における外国人を含む。*年齢不詳をあん分した人口による

①我が国の年金制度

　65歳以上の人口が増加すると、年金受給者が増加し、年金制度が破綻する恐れがあります。若い世代から見れば、自分達は年金はもらえなくなるから、年金保険料は支払わないと考える人も出てしまいます。

　過去には**2007年問題**、最近では**2025年問題**が叫ばれています。2007年には、1947〜49年生まれの第一次ベビーブーム世代が60歳になり、年金保険料の支払いが終了し、年金受給者に変わり始めますから、年金の危機が叫ばれました。2025年問題とは、第一次ベビーブームの最終年に当たる1949年生まれの人々が全員75歳に達して

後期高齢者になるという問題です。年金もですが、後期高齢者医療制度の存在も危うくなるとの懸念がありますよね。

　しかし、**国自体、年金は100年間は安心だと主張**しています。若年者が年金に未加入・保険料未納となると、本当に年金制度は破綻してしまいます。それを防ぐためには、年金に加入する方がいいというお得感を出す必要があります。そこで**国民年金（基礎年金）についてはその財源の2分の1に国庫金を投入する**として、国庫負担割合を高めています。国庫金と言っても国民の税金です。消費税率引き上げで増加した税金収入の一部を年金という形で国民に還元するというのです。

　言い換えれば、今後、消費税率は引き上げられていきますが、もし年金保険料を10年以上支払わず年金受給資格がないとなれば、消費税をいくら支払っても、支払った税金が年金として自分に還元されることはないという仕組みになっているのです。

　もちろん少子・高齢化が予想以上に進んだり、経済成長率が予想以上に低下した場合、**マクロ経済スライド方式**に基づいて、年金保険料を引き上げ、年金給付額を減額することになっています。将来的に、そのような措置が採られたとしても、年金は国民の老後の生活の補助になるはずだと国は主張しています。

　国は最近、**年金支給開始年齢**を65歳から引き上げようとしています。**本人の意思によって遅らせることを可能**にし、遅らせた場合には1年間に受給できる年金額は増額するというインセンティブを与えています。今後、老後を年金だけで暮らすのには無理があるため、年金はあくまでも老後の生活を補うものという発想に転換しなければいけません。

■ 我が国の年金制度の基本

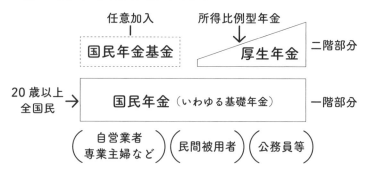

テーマ 11 ｜ 地球温暖化で 世界はどうなるのか

1 地球が悲鳴をあげている

宇宙船地球号は、アメリカの建築家・思想家のバックミンスター・フラーが述べた有名な言葉です。今や乗組員は80億人を突破し、2058年には100億人に達すると見込まれています。

人口が増えれば、食料や水は不足し、資源も枯渇します。特に80億人が石炭、石油などの化石燃料を大量消費すれば、二酸化炭素（CO_2）が排出されて地球温暖化が進むのは当然の結果です。だからこそ「宇宙船地球号」は、一つであることを認識し、世界各国が努力して環境を守っていかないと取り返しのつかない事態に陥ってしまうのです。

地球環境問題は、多岐にわたり、相互に負の連鎖を引き起こしています。世界市民である私たち一人一人が身近にできることから行動することが求められています。**Think Globally, Act Locally.** [**グローバルに考え、ローカル（足元）から行動せよ**]が、地球を救うために私たちができる唯一の方法です。

今を生きる現世代の私たちが地球環境を守ることは、後世代の人々に対する責任だともいえるのです。後世代にも経済成長の利益を確保することは「持続可能な開発目標」（SDGs）の理念でもあります。

SDGs の17目標には、「**地球温暖化を防ぐ具体的行動を**」「**海の豊かさを守ろう**」「**陸の豊かさを守ろう**」などが掲げられています。地球環境を守ることは、SDGsの中心的理念と言うことができます。

■ 地球レベルで発生する三大環境問題

オゾン層破壊

（原因）　フロンガスの発生
ex・冷蔵庫やクーラー
の冷媒
・半導体の洗浄剤
・スプレーの噴射

⇩

（影響）　紫外線が直射され
皮膚ガン
農作物枯死

酸性雨

（原因）　硫黄酸化物（SOx）
窒素酸化物（NOx）
ex・工場のばい煙
・排気ガス

⇩

（影響）　土壌湖沼が酸性化
$\left(\begin{array}{c}森林\\動植物\end{array}\right)$枯死
水鳥の死滅

森林が枯渇すると
光合成ができず CO_2 が
増大

地球温暖化

（原因）　化石燃料の利用
温室効果ガス（CO_2、代替フロン、メタンガスなど）

⇩

（影響）　気候変動や生態系に悪影響
・異常気象（熱波と寒波、大旱魃と大洪水）
・海面上昇、海流、海温の変化
・動物や植物の減少
・食料不足
・疫病発生
・砂漠化

2 深刻な地球温暖化

　気候変動に関する政府間パネル（IPCC）が2021年に発表した報告書によると「急速かつ大規模な削減策を取らない限り、**今後20年年間（2021～40年の間）で世界の平均気温が1.5℃上昇する**ばかりか、それを超える可能性がある」と報告しています。さらに、「**2050年ごろに二酸化炭素と他の温室効果ガスの排出量を削減してネットゼロにしない限り、21世紀中には＋2℃を超えることは避けられない**」とも明記しています。将来予測の最悪のシミュレーションによると世界の平均気温は最大4.8℃も上昇し、海面水位の上昇は平均0.26～0.28mに達するというのです。気温が2℃上昇すると人間の生活にさまざまな影響が生じると言われていますから、深刻な問題であることがわかります。2050年、**カーボンニュートラル**（温室効果ガス排出量の実質ゼロ）を実現するには、2030年時点で2010年比45％の削減が必要だとの試算もあります。

■ 世界の二酸化炭素（CO_2）排出量の割合

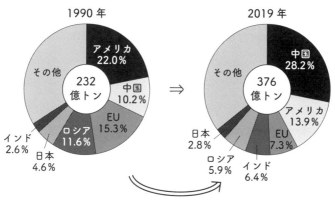

世界一の CO_2 排出国は
アメリカ　➡　中国に

（「環境白書」より作成）

目標を達成するには、二酸化炭素（CO_2）排出量が世界の約30%を占める世界一の排出国の中国や、約5%を排出するインドなどの新興国との目標共有が不可欠ですね。もはや、先進国同士の協力だけでは解決できない問題となっています。

3 地球温暖化の影響は？

　温室効果ガスが大量に排出されると、地球全体に温室効果が生じて、気温が上昇します。気候変動に影響を与えるばかりか、生態系が乱れて動物や植物の種が減少し、多様性も変化してしまいます。

①海面上昇で島が水没する？

　気温上昇で南極・北極の氷が溶けたり、山岳部の氷が溶け、水害が発生したり、海面が上昇することが予想されます。キリバスやツバルなどの小さな島国は水没する可能性があります。環境難民が大量に発生することが予想されます。日本でも高潮が発生し、海の沿岸部では洪水が頻発します。イタリアの水の都ベニスでは観光地に水害が頻発するニュースが報じられています。

②動物・植物が死滅

　氷が解ければ、生息していた動植物は死滅するでしょう。温暖化による生態系の変化は、地球上に棲む全ての動植物に影響を与えるかもしれません。渡り鳥が飛来しなくなったり、鮎の遡上が見られなくなったという報告も出されています。気候変動に関する政府間パネル（IPCC）は、日本では昆布の生息地の51%が喪失するとの予測を記しています。

③疫病・伝染病の発生

　生態系の変化で未知の疫病が発生する可能性もあります。熱帯地域で発症するマラリアなどの疫病が世界的に発生することにもなり

かねません。海面上昇で魚介類を通じて赤痢などの伝染病が発生する可能性も指摘されています。

④気候変動で異常気象が頻発

海温上昇で大きな台風が続発したり、熱波と寒波、大旱魃（かんばつ）や大洪水が発生し、災害が続発することになるでしょう。エルニーニョ現象や激しいハリケーンが発生したというニュースも増加していますよね。

⑤食料不足

海温上昇で海流が変化すると魚介類が死滅したり、漁業に影響を与える可能性があります。農作物でも、作物の品質低下や、栽培適地が変化し、作物によっては凶作になる可能性があり、食料不足が深刻化する恐れがあります。アフリカ地域では、すでに熱波の襲来、水不足などで食料危機が深刻な問題となっています。

4　地球温暖化を防ぐ国際的取り組み

①1992年、地球サミット

地球温暖化対策を進める国際的な動きが本格化したのは、1992年にブラジルで開かれた国連環境開発会議（地球サミット）です。

気候変動枠組み条約（いわゆる地球温暖化防止条約）が採択され、世界各国に温室効果ガスの排出削減を求めました。しかし、排出削減は経済の発展を阻害するとの反対意見が発展途上国などから出され、排出削減数値目標の設定には失敗し、各国に温室効果ガスの排出量を1990年当初レベルに戻して凍結すること、各国は削減努力目標を策定して定期的に報告するとの合意にとどまりました。

②1997年、京都議定書

1997年に開かれた気候変動枠組み条約第3回締約国会議（COP3京都会議）で**温室効果ガスの排出削減数値目標の設定に成功**しました。

先進国には2008〜12年末までに、1990年と比べて年間排出量を
EU８％、アメリカ７％、日本は６％削減するという数値目標が設
定され、大きく前進しました。これが、京都議定書です。ただ、大
きな問題点は、現在世界一のCO_2排出量の中国や、インドなど新
興国を含めた発展途上国への削減数値目標の設定が見送られたこと
です。中国が削減義務を負わないなら、経済競争に不利になること
を懸念したアメリカも最終的には排出削減数値目標の受諾を拒否し
てしまいました。**CO_2排出量世界１位の中国、２位のアメリカが
削減義務を負っていないという点で、京都議定書は大きな欠陥を抱
え**ていたのです。

削減義務を達成する抜け道（京都メカニズム）

　EU、日本などアメリカを除く先進諸国も、削減数値目標は受諾
したものの、削減数値目標を達成する抜け道が多く用意されていま
す。これらは**京都メカニズム**と呼ばれています。

■ 京都メカニズム

排出権取引

削減義務を超えて温室効果ガスを削減
した国は、超過削減分を第三国に売却
できる。
▶外国から排出権を買い取れば、削減義務を
超えた排出が可能になってしまう！

ネット方式（森林吸収分）

温室効果ガスの森林吸収分を削減分に
含めることができる。

クリーン開発メカニズム（CDM）

先進国が発展途上国で行ったクリーン
事業による温室効果ガスの削減分を自
国の削減分に算入できる。

共同実施

先進国間で温室効果ガス削減事業を共
同実施した場合、削減枠を共同実施し
た国同士で移転し合うことを認める。

③2013〜20年、京都議定書を延長

　京都議定書の約束期間が終了した2013年以降のポスト京都議定
書をどうするかが議論されてきました。中国、インドなどの新興国
を含めた発展途上国の削減数値目標の受諾が模索されてきました

が、失敗に終わりました。そこで2013〜2020年は、とりあえず京都議定書を延長することになり、京都議定書第2約束期間とすることになりました。

　我が国は、中国抜きの自動延長には反対だとする態度を強く示したことから削減数値目標を免除されました。文句を言った者勝ちのような状況です。日本は中国に削除義務を負わせるための外交戦術を取ったつもりだったのですが。

④2020年以降の新しい枠組み（パリ協定）

　2020年からは新しい枠組みとしてパリ協定が発効しています。2020年以降の新しい枠組みは2015年の第21回締約国会議（COP21パリ会議）で決定されました。

全ての加盟国で削減数値目標の設定を撤廃

　中国・インドなどの削減数値目標の受諾拒否の意思は固く、**従来より削減義務を負っていた先進諸国も含めて、全ての削減数値目標の設定は撤廃**されました。

　パリ協定は失敗に終わり、暗礁に乗り上げたというネガティブな評価も見られます。

気温上昇を産業革命前と比べて2度までに抑える（希望目標として1.5度までに抑える努力も併記）

　前述したIPCCの報告書にも見られたように2度の気温上昇は人類の生活・生存の限界点になりかねないことから、長期的な目標を設定しました。

目標達成は各国の自主性に委ねるが、削減計画を5年ごとに策定

　目標達成のための国内対策の実施を義務付けました。この点で京都議定書で削減義務を負っていなかった中国やアメリカが、積極的に温室効果ガスを削除することも期待できるというわけです。

　パリ協定が合意された際、アメリカ大統領、中国の国家主席は、

■ 京都議定書からパリ協定へ

1992 年

国連環境開発会議
（地球サミット）
（ブラジルのリオデジャネイロ）

京都議定書第 1 約束期間

1997 年 ⟶ 2012 年末

気候変動枠組み条約
第 3 回締約国会議（COP3）

気候変動枠組み条約採択
↑
①排出削減数値目標の
　設定に失敗　　　　➡
②先進国は 1990 年代　➡
　末までに温室効果ガ
　スの排出量を 1990
　年当初レベルに戻し
　て凍結する

京都議定書採択
↑
①排出削減数値目標の
　設定に成功
②先進国 のみ
　　平均 5.2％削減
　├ EU　　　　8％削減
　├ アメリカ　7％削減
　└ 日本　　　6％削減
　（2008 年〜12 年末ま
　で、1990 年比、年間
　排出量）
　途上国 　削減目標なし
　（中国・インドなど新興
　国含む）
　┌＊アメリカは 2001 年、
　│ 共和党ブッシュ政権
　│ が批准拒否
　│＊ロシアの批准により、
　└ 2005 年より発効した

京都議定書第 2 約束期間

2013 年 ⟶ 2020 年

京都議定書の延長
↑
2011 年　COP17
（南アフリカのダーバン）
・2013 年〜
　京都議定書の延長
　第 2 約束期間とする
・2015 年までに新しい枠組み
　の内容を作る
・第 2 約束期間の削減義務に反
　対（不参加：日本・アメリカ・
　カナダ・ロシア・ニュージー
　ランド）
・日本は削減義務を免除され、
　自主計画を策定

パリ協定

2020 年以降

新しい枠組み
↑
2015 年（COP21）（パリ協定
採択）（フランスのパリ）
↑
①全ての加盟国が自主的に削減
　目標を設定し、5 年ごとに報
　告
②気温上昇を産業革命前と比べ
　て 2 度未満に抑える
　（1.5 度未満の努力を付記）
③今世紀末には温室効果ガスの
　発生をゼロに

（アメリカのトランプ前大統領はパリ協定から離脱。
2021 年に誕生したバイデン政権はパリ協定に復帰）

21世紀の地球温暖化対策のリーダーは自分達だとアピールしました。

2021年にイギリスのグラスゴーで開かれたCOP26では、気温上昇1.5度未満という希望目標を基本目標に

温室効果ガス排出量ゼロを21世紀末までとしていたものを、21世紀半ばまででの実質ゼロ化に前倒しされました。COP26では、議長国のイギリスが「石炭火力ゼロ」を目指しましたが、中国・インドなど石炭火力ゼロに反対する声も強く「石炭火力の段階的削減」を目指すという文言に緩められています。

5 温暖化を防ぐ具体的な政策は何か

①クリーンな再生可能エネルギーへの転換

温室効果ガスであるCO_2を大量に発生させる石炭・石油・天然ガスなどの化石燃料をクリーンな再生可能エネルギーに転換することが必要です。

太陽光、太陽熱、風力、地熱などの技術開発と実用化が急務です。

②政府は原子力の活用を視野に

原子力発電はCO_2を発生させないことから、地球温暖化を防ぐ有効な手段として国は力を入れてきました。京都議定書の削減数値目標を数字上、達成するには原子力依存度を高めればいいと考えられていました。脱炭素のために原子力の推進、いわゆる「原子力ルネサンス」が進められたのです。

しかし、2011年の福島第一原発事故の発生で、放射能汚染のリスク、放射性廃棄物（核のごみ）の処理方法が確立していないなどの問題が露呈しました。

温暖化防止を優先するのか、事故による放射能汚染を防止するのか、という新たなジレンマに直面することになりました。

③新しい電源構成目標

日本政府は、福島原発事故後、脱原子力を目指しましたが、2020

年10月に示された第6次エネルギー基本計画では2050年カーボンニュートラル実現のための2030年度電源構成目標が以下のように設定されました。

・再生可能エネルギーの発電比率を現状36〜38％とする
・原子力もエネルギーミックスの基本方針に伴い、20〜22％とする
・火力については、安定供給を大前提に、できる限り発電比率を引き下げる

　政府のエネルギー計画としては、再生可能エネルギーを倍増するとともに、事故後、いったん停止した原子力発電所を再稼働して、CO_2を排出しないエネルギーをミックスさせ脱炭素を実現しようとしています。

　2022年12月に岸田政権はロシアのウクライナ侵攻で値上がりする電力料金を抑えるために原子力発電所の再稼働に舵を切ったようにも見えます。原子力規制委員会は原子炉等規制法で示している「原則40年、最長60年」という原子力発電の基本方針を変え、延長するという方針を示しました。従来は40年時点で未合格の原発は廃炉となりましたが、新しい運用では停止中の原発については40年を経過

■ 電源構成

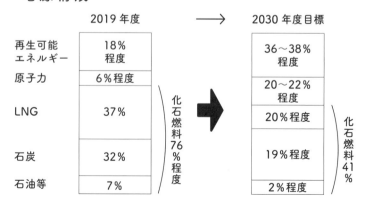

	2019年度	⟶	2030年度目標
再生可能エネルギー	18%程度		36〜38%程度
原子力	6%程度		20〜22%程度
LNG	37%	化石燃料76%程度	20%程度
石炭	32%		19%程度
石油等	7%		2%程度

（2030年度目標の化石燃料は41%）

しても審査を継続でき、合格すれば稼働継続を可能としたのです。時間切れで廃炉になることを防ぐ措置です。加えて、規制委員会では、60年経過後のリスクは未知の領域であるとしているものの、延長可能性に向けての検討を始めています。

このように**原発事故後の脱原発の方針は薄れ、なし崩し的に原子力発電に回帰しない**かが懸念されます。

6 今後の地球温暖化対策で社会はどう変わる？

今後は**ガソリン車は電気自動車、水素自動車に転換**していくでしょう。アメリカの電気自動車メーカーのテスラ社が売り上げを伸ばしたり、中国の電気自動車が世界の市場で売り上げを伸ばしています。再生可能エネルギー特別措置法で民間が供給する太陽光発電などを**電力事業者が固定価格で買い取る制度**も実施されています。今後は個人や企業が太陽光パネルを設置し、自家発電するケースが増えるでしょう。地方自治体が地理的条件に適合した再生可能エネルギーの供給を民間と協力して実施するケースも増えるかもしれません。

私たち一人一人が**グリーン・コンシューマーとしての自覚**を持ち、身近にできることに取り組むことがますます大切になっています。

第 4 章

政治
（激動する国際情勢と日本の政治のあり方）

経済、社会ときたら、次に重要なことは「政治」です。
世界が変わる時、必ず共にあるのは「政治」です。
どうしたらより良い未来が訪れるか、政治のあり方
を考えます。

▶キーワード

◉ウクライナ侵攻

＝P142, 148

2022年2月24日、ロシアのプーチン大統領が「特殊軍事作戦」という名の下にウクライナの首都キーウ、東部ハルキウ、南部オデーサなどの都市への攻撃を開始した。ウクライナのゼレンスキー大統領は徹底抗戦の構えを示し、ロシアとウクライナの戦争は長期化していった。

◉クリミア半島

＝P142

2013年末にウクライナで親ロシア派のヤヌコビッチ大統領が民主化運動で失脚し、親欧米派のポロシェンコ大統領が就任したことから、ロシアがウクライナ南部のクリミア半島（クリミア自治共和国など）に侵攻。2014年3月、住民投票を実施して、即日、プーチン大統領がロシアに併合する宣言を行った。ウクライナはロシアへの併合を認めておらず、欧米諸国もそれを支持している。

◉国連の限界

＝P148

平和・安全問題の第1次責任を負う安全保障理事会は侵略行為に対する制裁を決める実質事項に米・英・仏・露・中の5常任理事国に拒否権を与えていることから、この5大国を当事国とする紛争解決が拒否権の行使によって不可能になること。ロシアの武力による現状変更についても、安全保障理事会は機能不全に陥っている。

◉台湾海峡問題

＝P150

台湾は中国の一部であると主張する中国の習近平国家主席が、中華民族の悲願だとして台湾併合に向けて軍事行動を取る動きを示しており、台湾海峡周辺が緊張している状況。

米国や日本など西側諸国は、中国の力による現状変更は認めない立場にあり、米中の緊張も高まっている。

◉敵基地攻撃能力

＝P152

敵国が日本に向けてミサイルを発射する前に敵国のミサイル発射の基地を攻撃する能力を日本が持つ安保政策。

2022年12月に岸田内閣が安全保障関連文書に明記した。安倍政権下で2015年に成立した安全保障関連法の中心である武力攻撃事態対処法の個別的自衛権の発動要件である「武力攻撃事態等」に含まれると解釈している。

◉安全保障関連法

＝P152, 156

2014年7月に安倍内閣が閣議決定した集団的自衛権の行使などを根拠づけるため制定・改正された複数の法律（2015年9月成立）の総称。

重要影響事態→存立危機事態→武力攻撃事態等に順応した日本側の対応を切れ目がないように規定するとともに、国際貢献における自衛隊の海外派遣を恒久化し、積極的平和主義の実現をめざしている。

◉緊急事態条項

＝P160,163

自民党が掲げる日本国憲法改正案に盛り込まれている条項。
戦争や内乱、天災などの緊急事態が発生した場合、内閣総理大臣
の「緊急事態宣言」によって内閣の政令に法律と同じ効力を付与
したり、国会議員の任期を延長する特例措置などを取ることが
可能となる。しかし、この条項には内閣の暴走を抑止できなくな
ること、民主的統制が及びにくくなることなどの問題点も指摘
されている。

◉一帯一路構想

＝P166

中国の習近平国家主席が2010年代に提唱した21世紀版シルク
ロード構想。
中国から東南アジア、中央アジアなどを経由してヨーロッパま
で新幹線などの交通網を構築することで、中国主導の広大な経
済圏実現を目的とする構想。

◉アメリカの二大政党

＝P169

民主党と共和党の二大政党があり、大統領（任期4年）は二大政党
から選ばれている。
2021年に就任したバイデン大統領は2009〜17年まで務めたオ
バマ元大統領と同じ民主党で国際協調主義や多様性の尊重を重
視している。2017〜21年まで務めたトランプ前大統領は2001
〜09年まで務めたブッシュJr.大統領と同じ共和党でアメリカ
の自国民の利益を重視するアメリカ第一主義（アメリカ・ファー
スト）を掲げていた。

◉中国の国家主席

＝P150, 166, 175

中国政治のトップで大統領的な立場。各級共産党の代表者など
で構成する全国人民代表大会(議会)で選出されるが、中国共産
党総書記と兼務するのが慣行になっている。

任期5年、三選禁止であるが、習近平は特例により、2023年3月か
ら3期目に入り、習近平の一強体制が確立している。

◉欧州連合(EU)

＝P178

ヨーロッパ27カ国(2023年6月現在)で構成される欧州諸国の強
い連合体。

1993年のマーストリヒト条約で欧州共同体(EC)が欧州連合
(EU)に発展した。主に経済統合をめざし、共通金融・財政政策を
行い、共通通貨であるEURO(ユーロ)を導入している(EURO導
入はEU加盟国で賛同した国のみで、全てのEU加盟国ではない)。
現実には、立法(欧州議会)、行政(欧州委員会など)、司法(欧州裁
判所)の三権が存在し、欧州理事会議長(EU大統領)も就任してい
る。

◉ブレグジット

＝P178

イギリスが欧州連合(EU)から離脱(出口から退出)すること。
2016年にイギリスで実施された国民投票でEU離脱が若干なが
ら多数を占めたことから、2020年1月末に正式に離脱した。この
結果、EUは28カ国から27カ国に減少した。

緊張する国際情勢

❶ ロシア・ウクライナ戦争

①核戦争の危機

　2022年2月24日、ロシアのプーチン大統領が「**特殊軍事作戦**」と称して、ウクライナの首都キーウ、東部ハルキウ、南部オデーサなどの都市への攻撃を開始しました。ロシアとウクライナは、ベラルーシとともに旧ソ連邦を構成したスラブ系共和国で、いわば兄弟同士でしたが、1991年12月の旧ソ連邦解体により、現在は、別々の独立国家になっています。それを、ロシアが一方的に侵攻して、ロシアの領有下に収めるというのは、まさに**力による現状変更**に当たり、決して許されることではありません。

　ウクライナのゼレンスキー大統領は徹底抗戦を表明し、アメリカやEU諸国に軍事的・経済的支援を求めました。ロシアのプーチン大統領は短期的に併合は可能と考えていた節がありますが、アメリカ、EU諸国、日本など民主主義と自由を標榜し、同じ価値観を共有する国々の支援を受けたウクライナの抵抗は強く、長期の消耗戦に突入していきました。

②ロシアがウクライナ侵攻を行った狙い

　2014年3月にロシアがウクライナ・クリミア半島のクリミア自治共和国などを一方的に併合したことに遡ります。2022年2月のウクライナ侵攻は、ロシアにとって飛び地になっている南部のクリミア半島に続く、ウクライナの東部の**ルハンスク州**、**ドネツク州**、南東部の**ザポリージャ州**、**ヘルソン州**をロシアの領有下に収め、**クリミア半島に続く陸路を確保しようとした**ものと言えます。

ロシアにとってクリミア半島は、西側欧州諸国からの攻撃を食い止める壁の役割を果たす重要な拠点です。もともと旧ソ連軍の黒海艦隊基地があり、その重要拠点を親欧米派政権に変わったウクライナの支配下に置くことは、ロシアのプーチン大統領には到底許されないことだったのでしょうね。

　2014年3月にロシアがウクライナ領有下のクリミア半島を併合した際は、親ロシア派のヤヌコビッチ大統領が民主化運動の激化で失脚し、親欧米派・民主派のポロシェンコ大統領に交代するという状況下でした。親欧米派・民主派政権の支配下に入るクリミア半島をロシアが力で奪い取ったという側面が強いですね。

　併合の手法も、まずは軍事的支配を強め、ロシア併合の是非を問う住民投票をロシア軍の監視下で行い、住民の多くがロシア併合に賛成したとして、プーチン大統領がロシア併合宣言を出すというやり方でした（2014年3月16日〜18日）。

　今回のウクライナ東部、南東部のルハンスク州、ドネック州、ザポリージャ州、ヘルソン州でも、同じ手法で住民投票を実施して、どの州も80％台後半〜90％台後半の住民がロシア併合に賛成であったという結果を発表し、ロシア併合宣言を出しました（2022年9月23〜30日）。

　もちろん、アメリカも欧州諸国も、ロシア軍の監視下で行われた一方的な投票であり、正当性はないという主張をしています。ウクライナのゼレンスキー大統領も、これを認めず、領土回復の戦争を継続していったのです。

　2023年6月には、ウクライナはロシアに対する反撃を強化し、同月10日、ゼレンスキー大統領が反転攻勢に入ったことを認める発言を行い、重大な局面に突入していきました。

■ ウクライナ

ウクライナ
主都
キーウ

ハルコフ州

ドニエプロペトロフスク州

ルハンスク州
（2022年2月
ロシア軍が侵攻）

ドネツク州

ザポリージャ州

ミコライウ州
オデーサ州

ヘルソン州

クリミア自治共和国
（2014年3月
ロシア併合）

ロシア系住民が
30％超

ロシア系住民が
10〜30％

■ クリミア
半島

シンフェロ
ポリ

ヤルタ
セバストポリ

ロシアの黒海艦隊基地

③核攻撃の危険性

　ウクライナの徹底抗戦で消耗戦に入ったロシアは、**アメリカ・欧州諸国との代理戦争の状況**の中で苦戦を強いられてきました。追い詰められたロシアがこの戦況を打開するために、核攻撃を行うのではないかという、**核戦争のリスク**も否定できません。

　2023年3月にはロシアがベラルーシに短距離核の戦術核兵器を配備する方針を示し、ウクライナを核兵器で包囲する戦術を展開しています。

　アメリカの科学雑誌「ブレティン・オブ・ジ・アトミック・サイエンティスツ」が2023年1月、人類滅亡を午前0時に見立てた「**終末時計**」の残り時間が「**残り1分30秒**」になったと発表しました。過去最悪の核戦争の危険が迫っているのです。

　ロシア軍が2022年8月以降、ウクライナの**ザポリージャ原発**に複数回砲撃を行いロシア軍の支配下に置いたり、**南ウクライナ原発**への砲撃を行いました。ウクライナの電力を制圧するだけでなく、原発砲撃は核攻撃に等しい放射能汚染を引き起こしかねません。**原**

発が攻撃の対象になるという懸念を、史上初めて現実的に証明した戦争と言うことができます。

　追い込まれたロシアのプーチン大統領が核攻撃を行うという可能性はゼロとは言えません。

　この戦争の解決には、力による現状変更は決して許さない、核の使用は決して許さないという国際的結束が必要です。多くの西側民主国家は、この立場にありますが、残念ながら社会主義諸国である中国や北朝鮮、ロシア・中国からの経済支援を受けているグローバル・サウスと呼ばれるアフリカ諸国や中央アジア諸国は、必ずしも一枚岩ではありません。アメリカとロシア、両方との関係を考慮して全方位外交を行うトルコやインドもあり、世界の歩調の乱れが、戦争を長期化させる要因となっています。2023年5月に開かれた**G7広島サミット**では、法の支配という同じ価値観を持つ西側の結束は図れたでしょうが、異なる立場の国々との協力をどう取り付けるかが、戦争解決のカギとなっているのです。

　岸田首相が、正式なG7加盟国の日本、アメリカ、イギリス、フランス、ドイツ、イタリア、カナダに加えて、特別の招待国として侵攻を受けているウクライナのゼレンスキー大統領を対面で招いたことはもちろん、オーストラリアやグローバル・サウスの主要国であるインド、ブラジル、インドネシアに加えて韓国やアフリカ連合の議長国を招いたことには、深い意味が込められていました。**我が国が、力による現状変更を認めない理由としては、これを認めると今後、インド・太平洋地域でも中国の力による台湾併合が、なし崩し的に行われる可能性がある**という点があげられます。力による現状変更を認めないという国際的コンセンサスを今、確立することが、日本の平和にとって重要だという点は見逃せません。その意味で、2023年5月にG7サミットが人類史上初めて核兵器が投下

■ G7広島サミット首脳宣言のポイント

岸田首相の地元である広島で開催

・核戦争の危機が高まる中、唯一の被爆国である日本の広島で
　開いた意義は大きい

・原爆慰霊碑で首脳らの祈りからスタートした演出は
　平和を願う心に訴えるものであった

■ 核軍縮と不拡散

・現実的、実践的なアプローチで、「核なき世界」の実現を
　目指す
　←核保有国である米・英・仏の存在、核の傘の下に守られている日本の現実に
　　配慮した表現

・核軍縮と不拡散の取り組みの重要性を再確認

・ロシアによる核の威嚇を非難

・中国の核増強に懸念を示し、透明性を求める

■ ウクライナ問題

・ロシアの力による現状変更、侵略を可能な限り最も強い宣言で
　非難する

・ロシアとロシアを支援する国々には代償を与える
　←制裁逃れを防ぎ、第三国による戦争中止の関与を奨励する

・ウクライナへの支援を継続する欧州によるF16戦闘機の供与
　を米国は容認

■ 対 中 国 問 題

・東シナ海、南シナ海の状況に深刻な懸念を表明

・台湾海峡の平和と安定の重要性を再確認
　←台湾問題への対応でG7が協調することを確認した
　　台湾問題で中立路線を採っていたフランスも加わった点が大きい

・ロシアのウクライナからの即時で無条件の撤退に
　圧力をかけることを求める

・気候変動や食料不足問題などグローバルな課題での協力を
　求める

■ デ ジ タ ル （AI）

・AIの管理や運用に向けての国際的ルール作りの議論を開始する

■ 経 済 安 全 保 障

グローバル・サウスに多い中所得や低所得途上国などを取り込も
うとする「経済的威圧への対処」「国際的なルールや規範を損な
う有害な慣行への対応」として、威圧の抑制を求め、対応協議の
ための「広島プラットフォーム」を立ち上げる

正式参加国
日本、アメリカ、イギリス、フランス、ドイツのG5に
イタリア、カナダを加えたG7（EU首脳も参加）

招待国
インド、インドネシア、ブラジル、韓国、オーストラリア、
ベトナム、アフリカ連合（AU）議長国のコモロ、
ウクライナ（ゼレンスキー大統領）

された被爆地広島で開かれたことには大きな意義があったと言えます。

2 国際連合による平和実現の限界が露呈

①安全保障理事会がマヒ

　2022年のロシアのウクライナ侵攻で露呈したのは、**国連の安全保障理事会が常任理事国であるロシアの拒否権によって機能不全に陥っている**ということです。

　そもそも国際連合は、第二次世界大戦に勝利した連合国によって作られたものなので、連合国には特権が与えられています。戦後の平和は、戦争に勝利した大国の一致なくしては、あり得ないという理念に立っています。平和・安全問題については、**5常任理事国**（現在、**アメリカ、イギリス、フランス、ロシア、中国**）と、**10非常任理事国**（任期2年、総会で選出）の計15理事国で構成される安全保障理事会が、第1次的責任を負うことになっています。たとえば侵略行為に対する**軍事・非軍事的制裁発動などの実質事項の決定には、5常任理事国すべての賛成と4非常任理事国の賛成が必要**とされています。つまり、5常任理事国のうち一カ国でも反対すると実質事項は成立しないという仕組みになっており、**常任理事国には拒否権**が与えられています。その結果、5常任理事国が侵略の当事者である場合、その国は拒否権を行使するでしょうから、安全保障理事会は完全にマヒしてしまいます。したがって、ロシアの侵略行為に対する国連の制裁は発動できないし、将来、中国が台湾併合の軍事行動をとったとしても、中国の拒否権で対中国制裁の発動はできないのは確実です。

　安全保障理事会が侵略行為に対して決定する制裁措置には、軍事制裁だけでなく、外交・経済制裁などの非軍事的措置も含まれます

から、国連としては、ロシアに対して、外交・経済制裁すら発動できないことになります。国連は無力ですよね。

結局、安全保障理事会が拒否権でマヒしたので、緊急特別総会を開いて、対ロシア非難決議および即時撤退を求める決議案を３分の２以上の賛成多数（重要事項の議決の要件）で採択するにとどまりました。ただ、平和安全問題は安全保障理事会が第１次責任を負っているので、総会は補充的責任を果たすだけで、強制措置の決定ができません。総会は勧告するだけなので、即時撤退の要請・勧告を行ったにすぎず、ロシアに無視されても、何ら制裁を加えることができないのです。

②国連改革が必要では？

特に**安全保障理事会の改革を求める声**は高まっています。

2000年代初めにも、当時の小泉純一郎政権下で、日本・ドイツ・ブラジル・インドの４カ国が常任理事国入りを求めました。しかし国連の重要な改革については５常任理事国の一致が成立要件になりますから、実現することはありませんでした。

せめて、侵略行為を行った紛争当事国を除く常任理事国の一致（制裁対象となっている常任理事国の拒否権を制限する）に国連憲章を改正すると良いのですが、国連憲章改正にも５常任理事国の一致が必要ですから、実現は困難な状況にあります。

とはいえ、唯一の被爆国、日本が国連改革のリーダーシップを執ることは重要です。2023年５月、G７広島サミットでは、議長国を務めたわけですから、世界各国・地域に問題を提起する大きなチャンスだったのです。わざわざ広島で開催したわけですから……。

日本は、2023年１月から２年間、**世界最多・12回目の非常任理事国に選出**されています。日本の存在感を示してほしいですよね。

ちなみに、我が国は6年おきに非常任理事国に立候補し、当選してきたということが多いのですが、次の立候補は2032年と10年後を予定していると日本政府は発表しました。岸田政権としてはグローバル・サウスに非常任理事国になるチャンスを拡大したと言っていますが、平和実現に向けての日本の存在感が薄れないかが心配です……。

3 今後のインド・太平洋地域の平和は？

①緊張が高まるインド・太平洋地域

　東アジアの我が国、東南アジア、南アジア、豪州地域の緊張が高まっています。ロシアのウクライナ侵攻を表立っては支持しないものの、裏で支持している**中国の習近平国家主席は、中華民族の統一、一つの中国実現のため台湾併合を民族の悲願である**と繰り返し発言しています。力による現状変更に対する国際的反応と国連の限界を冷静に見極めているようにも見えます。東シナ海の**尖閣諸島**を巡っては再三、日本に対して圧力をかけ、東南アジアに向けても人工島建設によって海洋権益および軍事拠点を拡大する膨脹政策をとっています。

②核ミサイル発射実験を繰り返す北朝鮮

　このようなインド・太平洋地域の混乱に便乗し、北朝鮮も近頃、**核搭載可能ミサイルの発射実験を繰り返し**、日本の排他的経済水域（EEZ）内に着弾する例も増加しつつあります。2022年5月の韓国尹錫悦大統領の就任による米韓共同軍事演習の実施や日韓の融和ムードへの警戒感の現れといえるでしょう。発射されるミサイルも最高高度6000km超え、飛行距離1000km超えの大陸間弾道ミサイル（ICBM）で、意図的に高い角度で発射する「ロフテッド軌道」の「火星17号」であったり、極超音速の新型弾道ミサイル、発射場所が特定しにくい移動式の発射ミサイルなど、性能は急激に向上し

ています。陰に中国の存在も疑われますね。

台湾海峡問題・朝鮮半島有事は連動的に起こる可能性もあり、そこにロシアが協力するというシナリオも否定できません。

ロシアのウクライナ侵攻を非難する日本に対しては、ロシア・中国の艦船が隊列を組んで日本列島を一周して威嚇したり、北朝鮮がミサイル発射実験を日本海に向けて繰り返すという極度の緊張状態に陥っています。

2021年に就任したアメリカのバイデン大統領も日本の岸田首相と協力して、日米同盟強化を進めています。2022年5月には、韓国も反日派の文在寅（ムンジェイン）大統領から親日派の尹錫悦大統領に代わりました。日本・アメリカ・韓国が強固に協力してインド・太平洋地域、特に極東の安全を守り抜くというのが政府の基本方針となっています。

さらに2021年9月には、日本・アメリカ・オーストラリア・インドの4カ国による外交・安全保障の協力体制である**日米豪印戦略対話（クアッド、QUAD）**初の首脳会議が開かれています。「自由で開かれたインド・太平洋」の秩序を守り抜くという方針が共同声明で示されています。

日米韓のみならず、オーストラリアやインド、さらには多くのインド・太平洋地域の国々が協力して法の支配と秩序を守る協力体制を確立し、力による現状変更を抑止することが何より大切となるでしょう。

③日本と韓国の融和を目指す尹錫悦政権

尹（ユン）大統領は、日韓関係を未来志向で考え、日韓関係を改善し、より高いレベルに発展させたいと発言しています。

元徴用工問題（太平洋戦争中に日本企業が韓国人労働者を徴用した問題）については、韓国の最高裁判所が、日本企業（三菱重工、日本製鉄）に命じた損害賠償について、併存的債務引受案を提唱しました。判決によって日本企業が支払うことになっている損害賠償

金を韓国が作る財団基金（韓国の民間企業が寄付などで拠出する基金、日帝強制動員被害者支援財団）が当面肩代わりして、被害者に賠償金相当額を支払うという第三者弁済による解決策です。事実上、日本企業の負担を免除するという苦肉の策と言えます。

　日本側としては、日本の歴代内閣が示した反省と謝罪の意向を堅持する立場を表明し、「弱腰外交」だとする尹政権への韓国内の反発を抑えるための援護を行いました。

　ただ、2015年に安倍政権（当時の外相が岸田氏）が朴槿恵政権と約束した**従軍慰安婦問題**の不可逆的解決についても、政権交代した文大統領が撤回し、むし返した過去の経験があります。今回も政権が代わると再びむし返される可能性も懸念されるものの、日本側が拒否する理由もないことから、日韓関係の未来に向けての改善可能性を優先した形です。

4　日本の平和・安全はどう守るべきか？

①防衛費を５年で２倍に

　緊張が高まる中、岸田首相は、**向こう５年間で防衛予算を２倍にするという方針**を示しました。2023〜27年度の間にその額を、2020年度の5.4兆円から２倍の11兆円程度に増額するというのです。

　平和主義に立つ我が国は、三木武夫内閣（1972〜76年）が示した防衛費GNP１％枠を中曽根康弘内閣が撤廃する1987年まで守ってきました。中曽根政権がGNP１％枠を撤廃したものの、ほぼ１％程度（若干超える程度）に抑えてきました。それを５年間で２倍にして、GNP２％程度とするというのは、ものすごい方針転換です。岸田首相は、新しい資本主義、弱者にも配慮をと言いながらも、超タカ派（強硬派）の政策を進めているとも言えます。

　ただ、前述のようなロシア、中国、北朝鮮の状況下で防衛費を増

額するという方針が、国内で大きな反発を受けないまま進められている印象もあります。防衛政策の転換は、危機感を煽る長いスパンでの世論形成の下に進められるというのが常套手段であることは有名な話ですが、防衛予算の急激な増額は、他国への挑発にもなり、逆に緊張を高める側面があることも忘れてはなりません。

②岸田内閣が「敵基地攻撃能力」保持へ

　岸田内閣は2022年12月、国家安全保障戦略などの安全保障関連三文書を閣議決定し、歴代内閣が否定してきた「**敵基地攻撃能力（反撃能力）**」の保持を文書に明記し、安全保障戦略を強化しました。岸田首相は「反撃能力」を保持すれば抑止力が高まると発言していますが、前述したように中国や北朝鮮を挑発してむしろ緊張を高め、軍事力強化の負の連鎖を生みかねないと指摘する専門家の意見もあります。

敵基地攻撃能力（反撃能力）とは？

　我が国の防衛戦略として、**敵国がミサイルを発射する前にミサイル発射台を攻撃する能力を保持すること**。自衛権の行使は、先制攻撃は許されず、専守防衛に限るというのが大原則ですが、敵基地攻撃能力を持ち、行使することは、専守防衛の原則に違反するという反対論も存在します。

　岸田内閣が「敵基地攻撃能力」の保持に転換した背景には、北朝鮮が保有する核ミサイルが超音速のレベルになりつつあり、発射された後に、迎撃することが技術的にも距離的にも困難になりつつあるという現実の問題があります。この結果、ミサイルが発射される前に、発射台を撃ってしまうことが現実的に必要だとの判断に至ったのでしょう。また、地政的にも日本海側には原子力発電所が複数あり、攻撃のターゲットになりかねません。

③敵基地攻撃能力は安全保障関連法の既定路線

　敵基地攻撃能力の保持および行使は、専守防衛の原則に反し、自衛権の枠を越え、憲法9条に違反する疑いがあることから歴代内閣はこれを認めてきませんでした。しかし、2015年に安倍内閣が安全保障関連法を制定し、これが憲法9条には違反しないとする立場を採りました。その立場からすると、敵基地攻撃能力の保持・行使は、当然認められるというのが、既定路線となっていました。安倍派の立場から、敵基地攻撃能力の保持を求めたのは予定通りの結論だったのでしょう。

　この安全保障関連法に基づく切れ目のない安全保障によると、たとえば、北朝鮮が日本の領土に向けてミサイルを発射した場合は、「**武力攻撃事態**」に該当するので個別的自衛権が発動することに異論はありません。

　次に「**武力攻撃事態等**」（武力攻撃予測事態を含む）については、北朝鮮が、東京を火の海にすると発言し、発射台にミサイルを配備し、燃料を注入した段階ということになるでしょう。日本への武力攻撃の蓋然性が高まり、ミサイルが発射される寸前に達していると考えられる状況ですね。

　この時点で、個別的自衛権は発動すると政府が理解しています。だとすると、安全保障関連法の解釈として「敵基地攻撃能力」の保持・行使は、そもそも可能であると見ていたと言うことになります。

　だから、敵基地への攻撃も国会審議にかけることなく、政府・内閣の密室的な閣議決定で行うことは可能となります。安全保障関連法の怖さは、法律さえ出来てしまえば、当時の内閣が否定していたとしても後の内閣の政策判断で法律運用が行われてしまう点にあります。法律は出来ているわけですから、国会における野党の抑止力はききにくく、政府が一方的に暴走するリスクがあるということで

す。それを実施する予算も内閣が提出し、内閣を構成する与党が多数派を占める国会が議決するのです。やはり、最後は主権者たる私たち国民が厳しい目をもって監視する必要があるでしょう。このような政策の財源負担は、最終的には国民の租税ということですから、国民は、自分たちの生命を守る方法が是か非か、そしてこれが是だとすれば、それを支える税負担をする覚悟があるのかも問われることになります。なにしろ相当な防衛予算の増額を半永久的に続けることになるのですから。

■ 安全保障関連法に基づく我が国の防衛政策
（2015年）

 重要影響事態が発生
（日本への経済的影響も含む）

- 同盟国軍への後方支援活動・捜索救助活動
  （アメリカ軍以外も含む）
- 地理的制限なし
  （極東のみならず世界中に派遣可能）

日本への
危機レベル2 | **存立危機事態が発生**

- 我が国と密接な関係のある他国が攻撃を受け、
  日本の存立が脅かされている
- 日本国民の生命・安全・幸福追求が根底から
  覆される明白な危険がある場合

集団的自衛権の行使可能

（同盟国軍と自衛隊が共同して防衛）

日本への
危機レベル3 | **武力攻撃事態等が発生**

- 我が国への武力攻撃事態が発生した場合
- 武力攻撃に匹敵する事態（武力攻撃予測事態）
  が発生した場合

個別的自衛権の行使が可能

（自衛隊だけでも防衛）

テーマ 13 ｜ 憲法改正は必要か

1 憲法は単なる国の方針書ではない

①憲法は国の最高法規

　憲法は、国の立法・行政・司法のあり方を決める重要な最高法規です。憲法の条規に違反する法律・命令・規則などは効力を有しないのです（憲法98条）。日本国憲法は1947年5月3日に施行されて以来、70年以上、改正されたことはありません。一回改正されれば、現政権のみならず、後の政権の運営のあり方を長期間にわたって規制することになります。国民の人権を守る最も大切な法規範ですから、70年以上経って古くなったので改正した方が良いと軽々に考えてはならないでしょう。憲法は国民が定める民定憲法ですから、主

■ 国民の直接投票で決まる憲法改正

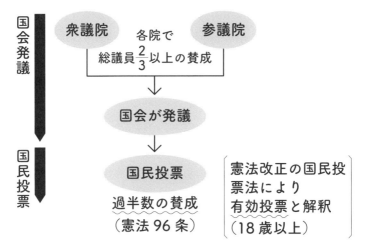

権者である私達国民が、自らの生命・自由・幸福追求の権利を守るために、どのような内容の憲法が良いかを熟慮した上で、賛成か反対かの判断を下す必要があります。

②憲法の最大の目的

　憲法は、国家に一定の権限を与えるという授権規範であると同時に、国家権力は与えられた権力以外の権力行使はできないという制限規範なのです。国民の人権侵害は、国家権力の濫用によって起こりますから、権力濫用を防ぐという制限規範としての憲法の役割は極めて大きいのです。

　国民の人権侵害は、国家に権限を与えすぎた場合、または国家が与えられた権限を濫用した場合に起こるのです。

　日本国憲法には、第3章で「国民権利義務」が明記され、国民に様々な人権が認められています。その意味は、国家権力は憲法が国民に保障した基本的人権を侵してはならないという点にあります。

　憲法に「思想および良心の自由」「表現の自由」が定められているということは、立法・行政・司法などの公権力は、国民の思想・良心・表現を侵してはならないということも意味しているのです。もちろん、国会もです。国会は憲法に定められた国民の人権を侵害する法律を作ってはならないということです。もし、人権を侵害する法律を作った場合、裁判所は違憲と判断して事案解決で、その法律を無効と扱うことができるのです。違憲立法審査制度ですね。

2　日本国憲法は理想的憲法だったのか

①日本国憲法の三大原理

　日本国憲法は、近代市民革命の歴史的制度を盛り込んだ素晴らしい理想憲法であると言われています。

　憲法の三大原理として、次の3つの理念を明記していることは有

名です。

・国民主権

・基本的人権の尊重

・平和主義

　平和主義に関しては、憲法9条1項に「**戦争放棄**」、2項前段に「**戦力不保持**」、2項後段に「**交戦権否認**」を規定しています。特に2項前段で「戦力」を持たないことを明記した点は、他国に比類のない徹底した平和主義と言うことができます。と言いながらも、現実には自衛隊が存在するという矛盾が発生しています。

　自民党の憲法改正案が、現状にあわせて9条を改正することが最大の目的であることは間違いありません。

　ただ、日本国憲法が素晴らしい憲法であることは、人権の不可侵性を憲法11条、97条などに明記し、国家権力によって人権を侵してはならないことを示した点、人権を具体的に規定した憲法の尊重擁護義務を権力者である公務員に課した点にあります。

　憲法尊重擁護義務を公務員に課した憲法99条は、国家権力の濫用を防ぎ、国民の人権を守るという近代立憲主義のあらわれと言えます。この規定を安易に改正することは、国民の人権を保障するという近代市民革命の歴史を否定することにもなるのです。

3 自民党が掲げる憲法改正草案（2012年案）

①国民が投票できるのは自民党の憲法改正草案だけ

　憲法改正は国民投票によって決まりますが、改正案は国会で発議され、国民は、その案に〇×を付けるだけです。

　ということは、私達が個々具体的な改正条文の内容を決められるわけではなく、国会が発議した改正案に賛成するか否か、になります。

　ですから、衆議院・参議院の多数派を占める自民党の憲法改正草

■ 現行日本国憲法と
　自民党憲法改正草案（2012年）の違い

	現行憲法	自民党憲法改正草案 （2012 年案）
天皇	「象徴」	「元首」「象徴」 「国旗は日章旗、 国歌は君が代」
平和主義	「戦争放棄」 「戦力不保持」 「交戦権否認」	「戦争放棄」 「国防軍保持」と明記 削除
基本的 人権	「個人として 尊重」 「公共の福祉」 （人権の限界） 「人権の不可侵性」 97 条	「人として尊重」 「公益及び公の秩序」 （人権の限界に「公益」 を明記） 削除
家族の 扶助 義務	規定なし	「家族は、互いに助け 合わなければならない」
緊急事態 条項	規定なし	「首相が緊急事態を宣言 ……内閣の政令に法律 と同じ効力を付与 ……国民には公的措置 への服従義務」
憲法尊重 擁護義務	「公務員」	「国民」「公務員」
憲法改正 手続	国会発議は 「各議院の総議員 3分の2以上の 賛成」	「各議院の総議員の過半数 の賛成」

案の内容、その是非、問題点をよく理解しなければなりません。

憲法改正発議は、衆・参各院で総議員の3分の2以上の賛成が必要ですから、もし政府与党が両院で3分の2以上の議席を持てば、自民党の与党案がそのまま国民投票にかけられることになります。

発議される憲法改正案は自民党が決める

・衆議院100人以上と参議院50人以上の賛成が必要（国会法68条の2）

・この要件を満たすのは自民党だけ

・改憲案は自民党案が国民に提示されるのが現実です

②自民党の2012年憲法改正草案の内容

　自民党が憲法改正のポイントとして提示する内容は、国民の支持を受けやすい文書になるのは当然です。国民としては、そこに潜む危険性や問題点を見抜くリテラシーを持つことが大切です。まず自民党が公式サイトに掲げる4つの「変えたい」こと、自民党の提案には、次のように書かれています。

「憲法は制定・施行されてから70数年間、1回も改正が行われていません。大きく変化した国内外の環境に合わせて、憲法にもアップデートが必要ではないでしょうか。」から始まります。

「憲法の3原則は変えません」と強調した上で、変えたいことを4つ提案しています。

・安全保障にかかわる「自衛隊」の明記と「自衛の措置」の言及

・国会や内閣の緊急事態への対応の強化

　大地震など大災害への対応のため、緊急事態下における国会機能の維持、内閣権限の一時的強化と迅速対応の仕組みを規定

・参議院の合区解消、各都道府県から必ず1人以上選出へ

・教育環境の充実

人口減少社会の中で"人づくり"重視、私学助成を認める表現に変更する

などを提唱しています。

　一般国民に、ふわっと賛成してもらう内容になっていて、具体的な条文の問題点を意識させない内容になっている印象があります。

③現行日本国憲法と自民党憲法改正草案（2012年案）の違い

　自民党の改正案には、さまざまな問題点がありそうですが、ここでは特に気になる点を指摘します。

憲法9条はどう変わる？

　1項の「戦争放棄」は残していますが、「永久に…」という文言は削除されています。武力での威嚇や侵略戦争は放棄するという点で平和主義は維持しています。

　しかし、2項前段の「戦力不保持」を削除し、「国防軍保持」を明記しています。自民党が国民に説明する際には、自衛隊の保持を明記すると述べていますが、実際には「国防軍」という言葉に変わっている点も見逃してはいけません。「隊」ではなく「軍」に、「自衛」ではなく「国防」という言葉に変わっています。

　自衛軍というのは専ら守る、つまり専守防衛のための軍隊ですが、国防軍というのは国家の防衛戦略としてより強い兵力を備えた軍隊ということになります。

　2項後段の「交戦権否認」も削除されています。国防軍を持つわけですから、交戦を否定することはできないですよね。国防軍は「国際協調活動」「公の秩序を守る活動」「国民の生命・自由を守る活動」を行うことができ、交戦権も否認されていません。

この改正によって、現行憲法では禁止されている**国際貢献として**
の攻撃（交戦権行使）が、可能になると解釈できます。日本の国防
軍が国連軍や多国籍軍に参加して、空爆を行うことも可能になりま
すし、現在正式には加盟していない北大西洋条約機構（NATO）
に日本の加入する道が完全に開かれることになるでしょう。

　自衛隊を海外に派遣して戦闘行為に参加しないという今の憲法
が、大きく転換されることになります。自民党、特に安倍政権が憲
法改正にこだわった理由は、ここにあると言って良いでしょう。

　さらに改正案9条には、「国は…国民と協力して領土、領海及び
領空を保全…しなければならない」と規定し、**国民にも有事の際の**
協力義務（国民協力義務）を課しており、国防軍に審判所を設置し、
職務義務違反や国防機密を漏らした者を処罰する規定を置いていま
す。戦前の軍法会議・軍事裁判所を思い起こさせるリアルな規定で
すね。

緊急事態条項を新設

　改正憲法草案第9条には、現行憲法には存在しない**緊急事態宣言・**
緊急事態条項が置かれています。自民党の説明では「地震等による
大規模な自然災害」への対応と強調していますが、本丸は「外部か
らの武力攻撃」「内乱（クーデター）による社会秩序の混乱」への
対処にあります。改正案98条によれば、内閣総理大臣が閣議を経て
「緊急事態宣言」を出すことができます。国会の事前または事後承
認は必要ですが、事後でも良いことになっています。この宣言が出
ると改正案99条1項により、内閣は政令を発することができ、**政令**
は法律と同一の効力を持つことも明記されていますから、政府は地
方の首長に指示を出すことができます。たとえば米軍基地の軍事利
用について、県知事の拒否権はないという結果になります。

　一番気になる条項は、99条3項です。「緊急事態の宣言が発せら
れた場合…宣言に係る事態において国民の生命、身体及び財産を守

るために行われる措置に関して発せられる…公の機関の指示」については「何人も…従わなければならない」と規定している点です。有事の際の国の命令には、全ての国民は服従する義務があると読めますよね。いわゆる**有事の際の国民協力義務が、憲法上の義務になっている**のです。すると憲法を実施するための法律制定ないしは法律と同一の効力を付与された政令の発出が可能になり、その法律・政令も違憲とはなりませんから、極端に言えば、**選択的徴兵命令、さらには強制徴兵命令の発令もあり得るのではないか**という心配があります。

　もちろん、今の政府は徴兵制や徴兵命令などあり得ないと言うでしょうが、今の政府が変わってもこの憲法は残りますから、将来の政府がどのように解釈できるのかという「解釈の可能性」を考えておくことが大切ですね。

国民の基本的人権に対する考え方も大きく変化

　新しい人権からみると、「他人の個人情報の不当取得・利用を禁止」している点、「**知的財産権**」を明記した点は、一般に賛同されそうに見えます。しかし、環境権については、国民に保障するという規定の仕方ではなく、「**国は、国民が良好な環境を享受できるように保全に努めなければならない**」として、国の環境保全・努力規定（プログラム規定）として定めています。国民は環境権という具体的権利を裁判で使えないと解釈できる文言になっていますね。

　何より、現行憲法97条に明記されている「人権の不可侵性」は削除され、人権の行使は「公益及び公の秩序」に反してはならないとも規定しています。人権は不可侵ではなく、**公益（国益）**によって制限されるという発想になっているように読めますよね。

　現行憲法が人権の限界として明記する「公共の福祉」と改正草案が示す「公益及び公の秩序」は全く違う意味なのです。

　「**公共の福祉**」とは他者の人権という意味ですから、自分の人権の

行使が他者の人権と衝突する場合には、自分の人権行使は一歩譲るという考え方です。

一方、「**公益**」というのは、いわば国家的利益ですから、自分の人権の行使が国家的利益を損ねるおそれがある場合、個人の人権は制限されることになります。これを安倍元首相は愛国心と考えていたのでしょうか。

そして、このような憲法の理念を国民は尊重しなければならないとし、**憲法尊重擁護義務を国民に課している**のです。

国家権力の濫用を防止する近代立憲主義憲法の理念を守っていると言いながらも、国民が守るべき最高法規として義務付けが増加している印象もあります。

憲法改正案の是非は主権者である私達国民の一人一人が、よく理解して判断する必要があります。意見は様々でしょうが、私達は後世代に対する責任を自覚した上でよく考えて賛否の投票を行うべきですね。

世界政治のカギを握る アメリカと中国の覇権争い

❶ アメリカと中国がトップを争う

①世界のリーダー・アメリカを脅かす中国

　第二次大戦後、世界は西側資本主義のリーダーであるアメリカと東側社会主義のリーダーである旧ソ連の陣営拡大戦争が繰り広げられてきました。しかし、1991年12月に旧ソ連邦が解体し、ロシアがその立場を継承しましたが、経済的に低迷し、今回のウクライナ侵攻でその信用性は失墜した感があります。社会主義陣営としては、21世紀に入って世界の工場と呼ばれる高度成長を遂げ、**国内総生産（GDP）でもアメリカに次ぐ世界第2位になった中国の存在感が増しています。**

　中国は世界の市場への輸出を伸ばす一方、外貨準備高も世界第1位となり、その資金を世界中に投資・融資しています。特に、資源を持つ中東やアフリカ諸国などの**グローバル・サウスへの投資・融資を拡大し、その影響力を増しています。**

　さらに中国の習近平国家主席は、中国からヨーロッパのイギリスまで新幹線（高速鉄道）を結ぶという21世紀版シルクロード計画である**"一帯一路"**構想を進め、2015年にはその経路に当たる途上国などに資金を融資する**アジア・インフラ投資銀行（AIIB）**を創設しました。

　AIIBは、25％超を中国が出資し、その他の欧州先進諸国の出資金などで運営し、途上国などに融資する銀行で、融資案件の拒否権を行使できるのは、25％以上を出資する国、すなわち中国のみとなっています。したがって、融資を受けようとする途上国としては、中国の合意を取り付けないとならないので、必然的に、一帯一路に

加入し、新幹線の運行システム・車両は中国産を購入することになります。こうして、世界の新幹線売り上げ競争に勝とうという戦略も見えます。ですから、日本は新幹線輸出については、厳しい戦いを強いられているのです。

　中国を支持する国々は、このようにして増えています。中国の国営系企業が出資した途上国の資源会社は、その収益を中国に吸い上げられるというのも事実ですが、貧困から脱却するために中国依存の経済構造を甘受する国々が多いというのも、まぎれもない事実なのです。中国がアフリカなどの開発独裁や軍事独裁政権を財政的に支えているという批判もありますが、これが中国流のマネー覇権主義だと見ることができます。

　ロシアのウクライナ侵攻に対する非難や即時撤退決議案に反対する国、棄権する国が複数存在するのは、ロシアを暗に支持する中国の顔色をうかがってのことだとも言えそうですね。

　中国の習近平国家主席には、アメリカと中国が世界の支配地域を分かち合い、インド・太平洋地域は中国にリーダー・シップを渡してほしいとする考えも見えますが、アメリカは中国の台頭を防ぎ、世界のリーダーの地位を渡さないという考え方に立っています。やはりアジアを含めたインド・太平洋地域も自由と民主主義、法の支配を守るという共通の価値観を持った国々とともに、その国際秩序を守ることが世界平和に資するという考え方は揺るぎないと言えるでしょう。

　日米同盟には、同じ価値観に裏付けられた固い絆があるということになります。

②アメリカと中国の摩擦が激化

　アメリカと中国の摩擦は、さまざまな局面で生じています。特に経済面では、**"米中貿易戦争"**とまで揶揄された関税合戦が2018～

19年に繰り広げられました。アメリカのトランプ大統領（当時）が**アメリカ・ファースト（アメリカ第一主義）**を掲げて中国からの輸入品に関税を課しました。これに対して中国の習近平国家主席もアメリカからの輸入品に報復関税を課しました。この争いが第四弾まで続き、アメリカは関税対象品目を最終的に5500億ドル程度の輸入品に対して25％程度、品目によっては30％程度の高率関税に引き上げていきました。世界の貿易総額で世界1、2位を争っている両国が互いに高率関税を課し合うことになると、世界貿易は縮小し、世界経済にも悪影響が及んでしまいます。

　この摩擦は、米中の先端技術覇権争いや半導体摩擦にも及んでいます。世界的な半導体不足の中、安全保障を守る観点から中国への半導体輸出規制をバイデン政権は進めています。また、中国ウイグル自治区の人権問題を理由に、低賃金労働を利用した中国製品のアメリカ市場からの締め出しの動きも進んでいます。

　米中間には、安全保障、人権問題などもある上に、経済的にも市場の分断（デカップリング）が起こっているのです。

　最近では、米中通信摩擦も激化しています。スマートフォンの端末市場でも、米国のアップルと中国のファーウェイの競争が激化しています。2018年12月には、ファーウェイの創業者の娘を米国政府の要請を受けたカナダ当局が身柄を拘束するという事態も発生しました。アメリカ政府は、アメリカ市民がファーウェイ製品やサービスを利用することは安全保障上、危険であると警告を繰り返しています。2023年には中国系動画投稿アプリ「TikTok（ティックトック）」の利用を政府機関や公務員に禁止する国々が欧米を中心に増加しています。中国政府による情報収集に利用され、国家機密の流出や安全保障上の問題があるという理由が強調されています。

2　アメリカの政治はどこへ向かうのか

①アメリカは世界の警察？

　アメリカは、旧ソ連邦崩壊後、唯一の超大国として、事実上、世界の警察の役割を担ってきました。国際連合が機能しない場合、アメリカなどを中心とした有志の国々が制裁を科して、世界の平和を実現してきたのです。もちろん、アメリカの価値観の強制だとする批判が出ることもありました。

　しかし、2017年1月〜21年1月に就任していた共和党の**トランプ大統領**は、アメリカ・ファーストを掲げ、世界の警察よりは、自国および自国民の利益を優先する政策を展開し、アメリカ保守層の支持を受けました。共和党は、もともとモンロー主義（孤立主義）、ブッシュJr.大統領のユニラテラリズム（単独行動主義）などに見られるように自国優先の考え方を強調してきました。

　トランプ大統領に代わって、2021年1月に就任した民主党の**バイデン大統領**は、再び世界のリーダー・アメリカの復権、世界の警察の復権を図っているように見えます。民主党は、もともと国際協調主義を重視し、黒人層や女性、労働者層などからの支持を受け、多様性を尊重しています。アメリカの一国の利益のみを強調するのではなく、国際協調のための貢献も重視しています。2000年代初めに政権を担った民主党のオバマ大統領は、キューバとの国交回復、イラン制裁の解除、アメリカ大統領としては初の被爆地広島訪問などを行いました。

　バイデン大統領は、ロシアのウクライナ侵攻や中国の台湾併合、中国当局によるウイグル民族への人権侵害問題には厳しい対応を行い、**自由と民主主義、法の支配の実現という共通の価値観に基づく国際協調**を進めています。その意味で、世界の警察、民主主義のリーダーとしての存在感を世界に見せています。

■ 1980年代以降のアメリカ大統領

名	党	年	任期
レーガン	共和党	1981〜89	2期
ブッシュ	共和党	1989〜93	1期
クリントン	民主党	1993〜2001	2期
ブッシュ Jr.	共和党	2001〜09	2期
オバマ	民主党	2009〜17	2期
トランプ	共和党	2017〜21	1期
バイデン	民主党	2021〜	任期中

※共和党と民主党の政策の違い（一般論）

共和党
・保守層、資本家層の支持
・強いアメリカ（軍事力強化）の復権
・国益、自国民利益を重視

←トランプ政権では移民排除で白人系の
中・低所得者の雇用を守るとしてラス
トベルト（さびた工業地帯）の労働者
層の支持を獲得

民主党
・労働者層からの支持、女性層からの
支持（多様性の尊重）
・国際協調主義（民主主義的な価値観
を共有）

←バイデン政権は、トランプ政権下で分
断したアメリカを一つに融和すること
をめざす

その一方で、自国や自国民の利益を軽視するわけではなく、中国に対しては厳しい対応も示しています。トランプ政権が主に経済的観点から対中国強硬路線をとっていたのに対して、**バイデン政権が政治・外交・安全保障と経済をデカップリングしている**という点が異なっているようにも思えます。

単に米国国内の企業や中・低所得労働者の雇用を守るというアメリカ国内の問題としてだけではなく、世界の政治・外交・安全保障の問題とからめて国内政治を進めているのです。

②強い権限があるアメリカの大統領

アメリカでは、国民が選挙で選ぶ大統領に強い行政権限が与えられています。大統領の任期は**４年**で、**３選禁止**なので最長４年×２期＝８年在職することができます。２期務めた大統領は、１期目の行政が国民に認められて再選したわけですから、偉大な大統領だということになります。

アメリカの大統領には、軍の統帥権（最高指揮命令権）、法律執行権、条約締結権、議会可決法案拒否権（再考を促す差戻権）、教書送付権など、強大な権限が与えられています。しかも、**大統領は国民から選ばれているので、議会から不信任されることがありません**。アメリカの大統領（行政）と議会（立法）は、厳格に分けられているのです（厳格な三権分立）。大統領は任期４年中、議会から行政責任を問われて罷免されることがないので、自分の信念に基づいて**強力なリーダーシップを発揮できる**のです。この意味で、アメリカの大統領が変わると、４年間はアメリカの政治が変わり、世界の政治も変わる可能性が高いのです。

素晴らしい大統領が選ばれれば、議会に邪魔されずに素晴らしい政治が４年間行われますよね。でも、逆もあり得ますよね。もし、悪い大統領が選ばれたら、４年間暴走を止められなくなってしまう。諸刃の剣かもしれません。

ただ、大統領は全く罷免されないわけではなく、大統領弾劾決議が可決されれば、罷免される可能性があります。政治的失敗で責任を問う不信任は認められていませんが、大統領が憲法・法律に違反した場合には、議会（下院の過半数で訴追→上院の3分の2以上の賛成）で弾劾罷免の決議が出されることはあります。ただ、**大統領から見れば、憲法・法律に違反さえしなければ不信任を受け、クビになることはない**のです。

　ですから、2021年に就任した民主党のバイデン大統領は、共和党のトランプ前大統領が行った政策の転換を図っているのです。たとえば、メキシコとの国境に壁を作るという政策の中止や地球温暖化防止のパリ協定からの離脱の撤回などです。

　また、バイデン大統領は2021年8月末に、アメリカ同時多発テロ後、20年間駐留してテロ支援国家タリバンを制圧してきた**アメリカ軍のアフガニスタン撤退**を行う一方、ロシアからの侵攻を受けている**ウクライナに対する武器提供、資金援助**を積極的に行ってきました。

■ 大統領選挙の方法（間接選挙）

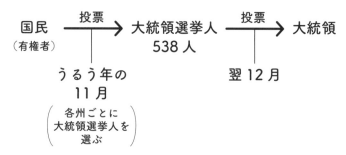

※各州の選挙人は、その州で1票でも多く得票した政党が、全員獲得する勝者総取り方式（ウィナー・テイク・オール）
※大統領選挙人の過半数を獲得した政党から大統領が選ばれることが事実上、決定

③2022年11月、中間選挙でバイデンは窮地に陥るのか

　アメリカ大統領は任期4年中、強力なリーダーシップを発揮できると言いましたが、バイデン大統領にとって暗雲が立ち込めています。大統領のリーダーシップが発揮しにくくなる最大の要因は、大統領の所属政党と議会（上院・下院）の多数派を占める政党が食い違う**ねじれ現象**が起きた場合です。

　バイデン大統領が選出された2020年11月〜12月の選挙では、大統領・上院・下院のいずれも民主党が制しましたから、大統領も議会も一致した政策決定が行われました。しかし、2022年に行われた中間選挙では、上院は民主党が制したものの、下院では共和党が多数を獲得しました。この結果、民主党の大統領に対して、下院が共和党というねじれ現象に陥ったのです。よって、残り2年間のバイデン政権は、法律・予算の裏付けが取れなくなる可能性が高まっています。2023〜24年の政策が円滑に行えるか否かは不透明な状況にあります。アメリカの会計年度は9月からですから、8月までに予算議決が成立しないと、行政・政策を実行する予算が存在しない事態にもなりかねません。ウクライナに対する経済支援の継続に共和党が賛成するか否かも問題になるのです。また、アメリカでは2023年3月シリコンバレー銀行の破綻などの金融不安も発生していますので、投入する公的資金を調達するために**国債発行上限枠を引き上げる必要**があります。これに共和党が賛成するか否かが政争の手段となり、政治波乱が起こるのは当然の結果だったのです。**債務上限引き上げをめぐる財政破綻危機はねじれ現象の下では過去何度も繰り返されてきました。**しかし、最後に債務上限の引き上げに合意が成立し、デフォルトは回避されるというのがアメリカの政治のならわしです。やはり2023年6月に債務上限を2025年1月まで停止する法案が成立し、デフォルトは回避されましたよね。

2023年5月に開かれたG7広島サミットの直前にバイデン大統領が直接参加できないかもしれないという話が流れました。これは、国債発行上限（債務上限）引き上げをめぐる、ねじれ現象の副作用だったのです。でも結局、バイデン大統領は訪日しましたよね。

　過去、中間選挙でねじれ現象が起きた場合、議会が混乱して予算が決まらず、公務員たちのストライキが発生するという事態も起こっていますね。
　アメリカのねじれ現象がなぜ深刻な事態に発展するかも押さえておくと良いですね。

■ アメリカの選挙

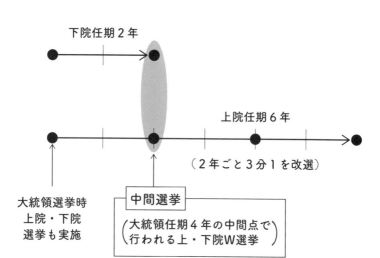

　ちなみに、日本のねじれ現象は、衆議院と参議院の多数党が食い違う場合ですよね。内閣は衆議院の多数党が組織する政党内閣になっています。そして、法律案や予算案が衆議院、参議院で食い違ったとしても、憲法には衆議院優越が規定されているので、内閣の考え方と一致する議決が成立する（成立しやすい）しくみになっています。

　ところが、**アメリカは、上院・下院の権限は原則的に対等なので、法律案も予算案も両院が食い違うと成立しなくなってしまう**のです。特に、バイデン大統領が予算教書によって可決を求めた予算勧告が共和党が多数を占める下院の反対によって成立しないという深刻な事態が起こり得るのです。

　ですから、2024年の大統領選挙でねじれ現象が解消されることがアメリカ政治の安定のカギを握っていると言えるのです。

3 中国の政治はどこへ向かうのか

①習近平が独裁化しつつある中国の政治

　アメリカは民主国家であるがゆえに、選挙によって政権が交代していきます。その一方で、中国は、元々共産党に権力が集中する政治体制となっており、実質的に共産党独裁の政治が行われています。各級の人民代表（共産党支部代表）や軍の代表などが集まった全国人民代表大会に権力が集中する**民主集中制**がとられ、立法権はそこに与えられています。全国人民代表大会で選出されるのが国家主席であり、**国家主席は中国共産党総書記が兼務する**ことになっています。つまり、中国共産党員が国会にあたる全国人民代表大会を組織し、共産党のトップが国家主席に選出されるのです。行政府としては、内閣に該当する国務院があり、そのトップが国務院総理（首相）ですが、首相は国家主席が指名することになります。国民は全国人

民代表大会の議員も国家主席も直接選挙はできませんから、私たちの価値観では、民主的と言うことはできず、共産党独裁と見えるのです。

　もちろん、政権争いは、共産党内での権力闘争ということになりますから熾烈なものとなり、ライバルを追い落とす**粛清**という言葉が使われることにもうなずけます。表向きは、賄賂や汚職防止、党規律違反を理由とした、警察・司法・行政幹部の粛清だとしていますが、台頭する反対勢力を抑えているのが実情かもしれませんね。このような手法をたくみに用いて、共産党内で習近平が独裁体制を着々と築いているのです。

②そもそも、中国の国家主席は実質的にどう決まるのか
　中国のリーダーは、「中央政治局常務委員会」のメンバー7名（いわゆる**チャイナ・セブン**）から選ばれています。この7人のメンバーに入らないと、国家主席になることはありえません。逆に言うと習近平が望まない人物は、どんなに優秀でもメンバーから外れます。外されてしまえば、その人物は国家主席レースから排除されてしまうという訳なのです。

　国家主席は**任期5年、3選禁止**（2期まで、5年×2期＝10年）となっていました。2013年に国家主席に就任した**習近平**は、本来なら2023年で任期終了となるはずでしたが、**例外的に3選も可能とする方針を自らの政権下で決定**し、2023年3月の全国人民代表大会で正式に任命され、3期目に入りました。首相には、側近で習近平の代理人とも言われる李強を指名し、**習近平一強体制**を強めています。この人事には習近平政権がデジタルデータの掌握、管理化を進めることで、国民の情報管理、反習近平派の取締り、国家安全保障推進の狙いがあるとも言われています。今後、金融デジタル化推

進の中で、反対勢力に覇権を渡さず、習近平独裁を強固にする経済、資金構造を作る目的もあり、国務院の官僚削減の改革や金融デジタル利権を持ちつつある官僚、政治家たちを降格、粛清する動きを見せているとも言えそうです。2023年3月に全国人民代表大会で習近平が国家主席に任命される際、壇上に並んで座していた胡錦濤元国家主席（2003～13年）を半強制的に退席させた映像は、新たな習近平体制に注文をつける胡錦濤一派を完全に排除するという政治的意図が見えました。みせしめですね。習近平の恐ろしい一面が見えた気がします。

このような中国の政治システムの下では、習近平の政策を国内で止めることは困難となっています。

その習近平が、中華帝国思想を"**習思想**"と名付け、プロパガンダを行うことで膨脹政策を進め、**台湾併合は中華民族の悲願**だと再三述べているのです。だから国家主席の当面の任期5年以内に、台湾併合の可能性があるという見方が、アメリカ当局から出てくるのでしょう。アメリカや欧州諸国、日本などが中国に対して、半導体の輸出規制や中国製ITデジタル製品の輸入、使用の規制を行う背景には、このような習近平体制への警戒感があると言うことができるでしょう。

欧州(ヨーロッパ)の政治は統合に向かうのか、分断するのか

1 欧州連合(EU)でヨーロッパ統合は叶うのか

①欧州連合(EU)

　欧州(ヨーロッパ)の政治には2つのベクトルがあります。一つは**統合する流れ**、もう一つは**分断する流れ**です。

　第二次大戦後、欧州諸国は協力して復興をめざす"統合"の流れをたどってきました。戦争で壊滅した経済を復興するというユーロペシミズム(欧州の悲観主義)がルーツにあるのです。アメリカに負けている、ソ連に負けている、1960年代には高度成長で経済力を伸ばす日本にも負けているという悲観主義が、欧州統合を加速させたという点も見逃せません。

　現在の欧州連合(EU)は、EU大統領を置き、立法・行政・司法の三権を備える政治・経済統合となっています。通貨統合も行われ、EU加盟国の中で賛同した国々の間では共通通貨であるユーロ(EURO)も導入され、欧州中央銀行(ECB)による金融政策統合、マネーストック管理も行われています。いわば一つの国家としての要件を満たしているのです。当初は「欧州合衆国」と名付けて単一国家の形成が目指されましたが、それは実現されず、**複数の主権国家を束ねる強い連合(ユニオン)であるEUが形成された**のです。

②イギリスがEUを離脱(ブレグジット)

　2016年6月、イギリスでEU離脱の是非を問う国民投票が行われ、僅差ながら離脱派が多数を占めました(離脱51.9%、残留48.1%)。

■ 欧州統合の流れ

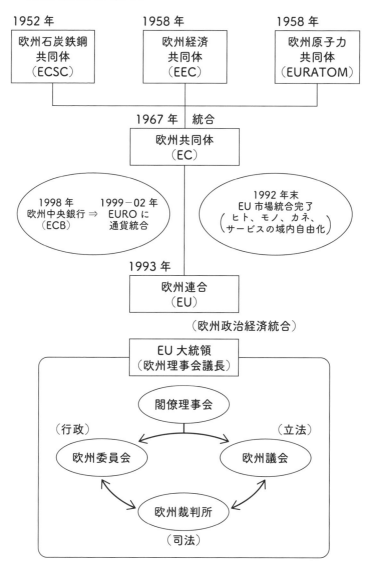

1952 年
欧州石炭鉄鋼共同体
（ECSC）

1958 年
欧州経済共同体
（EEC）

1958 年
欧州原子力共同体
（EURATOM）

1967 年　統合
欧州共同体
（EC）

1998 年　　1999－02 年
欧州中央銀行 ⇒　EURO に
（ECB）　　　通貨統合

1992 年末
EU 市場統合完了
（ヒト、モノ、カネ、
サービスの域内自由化）

1993 年
欧州連合
（EU）

（欧州政治経済統合）

EU 大統領
（欧州理事会議長）

閣僚理事会

（行政）
欧州委員会

（立法）
欧州議会

欧州裁判所

（司法）

■ 欧州連合（EU）加盟国

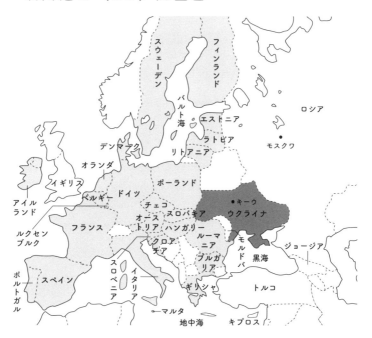

スウェーデン

フィンランド

ロシア

バルト海

エストニア

モスクワ

ラトビア

デンマーク

リトアニア

オランダ

イギリス

ポーランド

アイルランド

ベルギー　ドイツ

チェコ

キーウ

ウクライナ

ルクセンブルク

フランス

オーストリア

スロバキア

ハンガリー

ジョージア

クロアチア

ルーマニア

モルドバ

スロベニア

ブルガリア

黒海

ポルトガル

スペイン

イタリア

ギリシャ

トルコ

マルタ

地中海

キプロス

■ 欧州連合（EU）加盟国

原加盟国	フランス　（西）ドイツ　イタリア　ベルギー　オランダ　ルクセンブルク
1973年加盟	イギリス　デンマーク　アイルランド ┗━━→ 2020年離脱
1981年加盟	ギリシア
1986年加盟	スペイン　ポルトガル
1995年加盟	スウェーデン　フィンランド　オーストリア
2004年加盟	キプロス　マルタ　スロベニア　チェコ スロバキア　ハンガリー　ポーランド リトアニア　エストニア　ラトビア
2007年加盟	ルーマニア　ブルガリア
2013年加盟	クロアチア （2020年にイギリスが離脱して27ヵ国）

※EUは2023年6月現在、27ヵ国が加入しているが、ロシアの侵攻を受けたウクライナが加盟を申請している

　離脱となった責任を取って当時のキャメロン首相（保守党）は辞任を表明しました。キャメロンとしては、EU残留が多数を占めると思って国民投票を実施しましたが、離脱になってしまったのです。

　離脱となった理由は、EUに加入していると域内の外国人労働者によって仕事が奪われるのではないか、財政危機に陥る他国に対する財政支援が必要になるのではないかという漠然とした不安感が**ポピュリズム（大衆迎合主義）**にシンクロしたことが挙げられます。

　イギリスには18世紀に「世界の工場」として資本主義をリードしたという自負があり、他の欧州諸国に合わせず、独自の経済発展を目指すべきだとする保守的な**シルバー民主主義**が根強く存在するという指摘もあります。比較的に中・低所得にとどまる労働者層や保

守的な高齢者層のポピュリズムが、地域経済統合による経済的利益を冷静に見極めることができなかったというのです。

　ただ、住民の多数がEU離脱を支持した以上、政治としてはEU離脱を進めるしかありませんでした。離脱となると他のEU加盟国との間で、関税復活、入関手続きの復活が必要になりますから、新たにイギリス・EU間で通商条約の締結が必要となりますが、**離脱条件の合意が難航し、結局、ジョンソン首相（保守党）の下、2020年1月末に正式離脱となりました。**

　EUを離脱した国は、イギリスが初となりました。

③ EU離脱でイギリスは分裂する？

　EUを離脱したイギリスでは、今後、分裂するリスクも高まっています。イギリスが分裂するとなれば、欧州の政治・経済は混乱するおそれがあります。

　そもそもイギリスの正式国名は「**グレートブリテン及び北アイルランド連合王国**」で、4つの国の集まりですよね。「**イングランド**」「**ウェールズ**」「**スコットランド**」「**北アイルランド**」です。

　EU残留派が多いとされる「スコットランド」では、イギリスを離脱してもEUに復帰するという意向が政府トップから示され、イギリスからの独立を問う住民投票を実施する構えを示しています。スコットランドは2014年にイギリスからの独立を問う住民投票が行われているように、もともと独立志向が強い地域ですね。2020年のイギリスEU離脱後の世論調査から、イギリスからの独立派が多数を占めているとのうわさもあります。

　同様に「北アイルランド」でもイギリスからの独立の動きは強まっていくでしょうね。キリスト教カトリック系住民の多い北アイルランドでは、キリスト教プロテスタント系のイギリスからは分離・独立したいという武装勢力も存在し、ロンドンへのテロも行われてき

ました。イギリスがEUに加盟していれば、キリスト教カトリック系のアイルランドとイギリス領有下にある「北アイルランド」の間の通行は自由化され、貿易も自由ですが、イギリスがEUを離脱すると入関手続きが必要となり不便になってしまいます。ならば「北アイルランド」はイギリスから分離・独立して、EUに加盟するか、アイルランドと併合されたいと思う住民が増えてもおかしくないのです。このような動きが出ないよう、イギリスは、EUを離脱しても「北アイルランド」とアイルランドの間の国境管理は厳しくしな

■ EUからの離脱を問う国民投票の結果
（2016年）

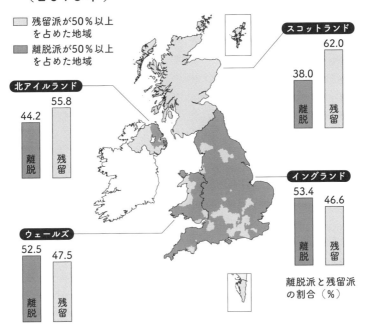

※イギリスBBCより、枠内はジブラルタルなどイギリス領
※スコットランドと北アイルランドの住民はEUからの離脱を望んでいない人が多数を占めている！
※今後、イギリスからの分離・独立を求める動きが進む可能性がある

いという措置を採ることにしたのです。これがバックストップ問題と言われ、EU離脱交渉が難航した一つの要因となっているのです。

④女王エリザベス2世の死去でイギリスの分裂が現実的に？

　2022年9月8日、イギリスの女王エリザベス2世が96歳で死去しました。女王は1952年に25歳の若さで王位を継承して70年間、その地位を守ってきました。「開かれた王室」を掲げ、人望も厚く、人気も高い**女王は、イギリスのEU離脱後、4つの国の分裂を憂慮し、「一つのイギリス」を訴えていました**。いわば女王が接着剤の役割を担っていたのです。エリザベス女王を失ったイギリスで、新国王のチャールズ3世が女王が担った接着剤の役割を継承できるか否かが問われています。

　さらに、イギリスが旧植民地など約50カ国と形成してきた**コモンウェルス**（いわゆる**イギリス連邦**）から離脱する国々が増えるのではないかとの懸念もあります。エリザベス女王の死去で、世界でのイギリスの影響力が低下する可能性は十分に考えられ、ひいては自由と民主主義を重視する世界のパワーバランスに影響を及ぼす可能性もあるのです。イギリスなど他国のことと思うかもしれませんが、世界、そして日本に及ぼす影響はゼロとは言えません。注視していきましょう。

終わりに

　本書では、今を生きる私たちを取り巻く生活環境を様々な視点から俯瞰してきました。国際紛争は他人事（ひとごと）ではなく、私たちの生活に直接影響しています。国際的政治情勢や外国の政権交代が日本の政治のあり方、ひいては物価や景気などの経済にも影響を及ぼしています。国内だけを考えるという偏狭な価値観では今を見ることはできません。

　さらに、地球環境や人口、食糧、資源の問題では、今を生きる私たち現世代は、将来の世代に対して時間を超えた責任を負っているという世代間倫理を持つことも大切です。

　第4次産業革命で人類の生活が大きく転換する中、大きな変革をチャンスと捉えるのか否か、激動する国際情勢を的確に判断し、将来を予測し、自らの考え方と行動を合理的に決定できるか否かが問われています。

　もちろん、与えられた情報が正しいものかフェイクなのかを見極める情報リテラシー（情報の判断能力）も大切ですが、それ以上に自らの意思で分析・判断・決断する力が大切な時代になっています。しかし、分析・判断・決定力は、十分な知識なしにはできるものではありません。勝手な思い込みによる判断が最も危険なのです。

　本書では、一方的に情報提供をするというよりは、いま絶対知っておかなければならない重要テーマを読者の皆さんと一緒に考えていくというスタイルを取ったつもりです。この出来事や現象、政策の背景には、このような理由があったんだ、だったらこうすべきではないか、でもこういう考え方もできるのではないか、と感じて読んでいただければ幸いです。

国際情勢がわからなければ日本の外交・安全保障のあり方を考えることはできません。日本の政治のあり方を決めるのは、主権者である私たち一人一人です。

　政治・経済・国際問題は複雑でよくわからない、だから興味がわかないという人も多いと思います。でも、今さら人に聞くのは恥ずかしい基本的な仕組みや言葉が理解できると、今まで難しいと思っていた政治・経済・国際ニュースがわかるようになるはずです。

　筆者が普段、教えている学生たちが、必ず言う言葉があります。勉強しているうちに「ニュースがわかるようになりました」「ニュースが面白くなってきました」と。"わかれば興味が持てる、興味を持てば面白くなる"。これが全ての基本だと思います。本書を読んで、少しでもニュースに興味がわいた、面白いなと感じていただけたなら、あなたは既に、分析・判断能力を身につけているのです。今までとは違う世界観・価値観を身につけることは人生の幅を広げるだけでなく、知らず知らずのうちに社会的信用も得ていくはずです。本書が少しでも読者の皆さんの役に立てれば幸いです。

　また著者は、YouTube「清水政経塾」で定期的に、最新時事問題のポイント解説を配信しています。本書の延長線上に起こる出来事や今後押さえておくべき新しいニュースも一緒に学んでいただけると幸いです。

著者　清水雅博

PROFILE

清水雅博(しみず・まさひろ)

予備校講師。東進ハイスクール・東進衛星予備校、駿台予備学校にて、「政治・経済」「倫理」「現代社会」「公共」を指導。年間1万人もの生徒が受講する超人気講師。政治と経済のメカニズムを明快に分析する論理的な指導にユーモアを含む授業は、受講生から圧倒的な支持を獲得。入試頻出ポイントや時事問題の本質を明確に示す情熱的な指導で生徒をグイグイ引き込み、難関大学への合格者はのべ30万人を超える。著書『政経ハンドブック』と『一問一答　政治経済（完全版）』は、政経受験者の80％が愛用しているといわれる大ベストセラー。ニュース時事能力検定（N検）の創設メンバーでもあり、検定委員を担当。YouTubeでは社会人・就活生・受験生に役立つ最新時事ニュースの解説動画や受験関連情報を発信。

YouTube チャンネル「清水政経塾」
https://www.youtube.com/@ShimizuSeikeiJuku

STAFF

協力　　　　清水絵里子

デザイン　　二ノ宮　匡（nixinc）

組版・図　　キャップス

校正　　　　みね工房

編集　　　　立原亜矢子

清水政経塾

著者・本人が最新ニュースを厳選！
政治、経済、時事問題の
解説動画を配信！

✓大人の皆さんへ

今さら聞くのは恥ずかしい…

一般常識やニュースの素朴な疑問を

予備校業界の第一線で30年以上教鞭をとってきた

経験をもとに丁寧に解説！学び直しを応援しています！

✓受験生や就活生へ

試験に何が出る…？

気になる頻出ポイントやキーワードを

のべ30万人以上を難関大学合格へ導いてきた人気実力

講師が分かりやすく解説！一生涯役立つ知識も伝授！

YouTube 随時更新中
チャンネル登録・通知 ON お願いします

✓**読者の皆さんへ**

本書の中で扱った重要なテーマを映像や音声で学べます！

ぜひ予習・復習にご活用ください！

さらに、この先に起こる時事もカバー！

本書の『入門編』の知識をベースに、より深く、新しい情報を

アップデートできます！

これからも一緒にスキルアップを目指していきましょう！

YouTube チャンネル
「清水政経塾」
（@ShimizuSeikeiJuku）
はこちらをチェック！

今さら聞くのは恥ずかしい
大人のための政治経済入門

第1刷　2023年6月30日

著者　　清水雅博

発行者　小宮英行

発行所　株式会社徳間書店

　　　　〒141-8202　東京都品川区上大崎3-1-1
　　　　　　　　　　目黒セントラルスクエア

　　　　電話　編集(03)5403-4344／販売　(049)293-5521

　　　　振替　00140-0-44392

印刷・製本　三晃印刷株式会社

本書の無断複写は著作権法上での例外を除き禁じられています。
購入者以外の第三者による本書のいかなる電子複製も一切認められておりません。
乱丁・落丁はおとりかえ致します。

©Masahiro Shimizu 2023, Printed in Japan
ISBN978-4-19-865648-5